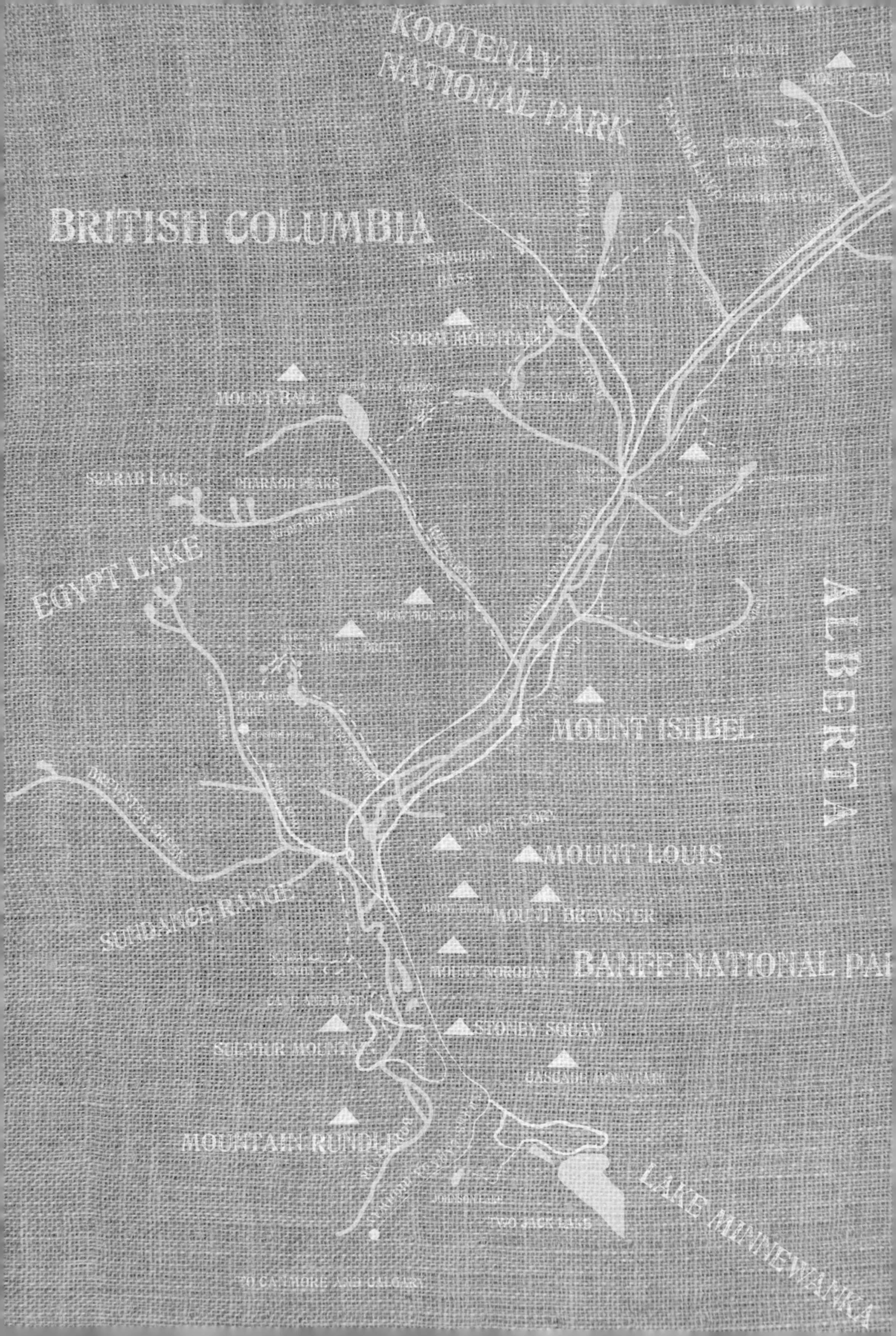
KOOTENAY NATIONAL PARK
BRITISH COLUMBIA
VERMILION PASS
STORM MOUNTAIN
MOUNT BALL
SCARAB LAKE
PHARAOH PEAKS
EGYPT LAKE
ALBERTA
MOUNT ISHBEL
BREWSTER CREEK
MOUNT LOUIS
SUNDANCE RANGE
MOUNT BREWSTER
MOUNT NORQUAY
BANFF NATIONAL PA
CAVE AND BASIN
STONEY SQUAW
SULPHUR MOUNTA
CASCADE MOUNTAIN
MOUNTAIN RUNDLE
LAKE MINNEWANKA
TWO JACK LAKE
TO CANMORE AND CALGARY

KOOTENAY
NATIONAL PARK

MOUNT TEMPLE

MOUNT TEMPLE

CONSOLATION
LAKES

BRITISH COLUMBIA

VERMILION
PASS

STORM MOUNTAIN

CASTLE CLIFF

MOUNT HALL

SCARAB LAKE

VERMILION PEAKS

EGYPT LAKE

MOUNT BELL

ALBERTA

MOUNT ISHBEL

MOUNT CORY

MOUNT LOUIS

SUNDANCE RANGE

MOUNT BREWSTER

MOUNT NORQUAY

BANFF NATIONAL PARK

STONEY SQUAW

CASCADE MOUNTAIN

SULPHUR MOUNTAIN

MOUNTAIN RUNDLE

JOHNSON LAKE

TWO JACK LAKE

LAKE MINNEWANKA

TO CANMORE AND CALGARY

Rocky Mountains

漫走

洛磯山脈
10 大私房路線
Tourwithcary.com

專業旅遊工作者 25 年經驗分享 ✕ 超過 3000 次帶團全紀錄

CONTENTS

174 Hiking
安步當車自然之旅

關於凱瑞

» 旅遊作家

　　凱瑞在北美洲各地擔任旅遊工作者將近三十年，撰寫了一系列暢遊北美的實用旅遊工具書。撰寫這些旅遊工具書的目的，並不只是想以優美生動、抒發情懷的文字吸引讀者，使之心生嚮往而已，更盼望能提供完整寶貴的「旅遊入門」與「旅遊指南」等實用資訊，以便協助旅客在抵達旅遊地區之後，能夠歡喜舒暢地走向山川原野、北美大地，接觸天地萬物、今古文明，進而得享揭開大自然神祕面紗的真正樂趣。

　　完善實用的「旅遊工具書」，必須建基於**實務經驗、專業素養，以及創作時的全心投入**。凱瑞撰寫的《與我同行》暢遊北美系列叢書，正是將歷年來陪同旅客出遊，以及隻身實地探訪北美大陸，所逐步

累積的私房佳餚和獨門祕方，公開與大眾分享的實用「旅遊工具書」。讀者從此無需花費漫長歲月，就能立即獲得完整寶貴的旅遊資訊。

　　凱瑞誠摯期盼旅遊大眾，在運用《與我同行》書系出遊時，能夠得享便利，樂在其中，就如同凱瑞自己在構思撰寫這套旅遊工具書時，也是滿心歡喜、樂在其中一樣。

» 北美旅遊工作者

　　一般而言，博物館、美術館、古蹟宅邸、城鎮都會、國家公園或主題遊樂園的旅遊工作者，往往帶給遊客一種精通導覽地點的專業形象。人們也總以為上述這些所謂的「當地旅遊工作者」，才是真正的專業旅遊工作者。

　　如果依此認知，家住美國西岸洛杉磯的凱瑞，應該只夠資格擔任一名洛杉磯或是美西的「當地旅遊工作者」。可是沒想到，「當地旅遊工作者」凱瑞的導覽範疇，非但沒有局限於洛杉磯、美西當地一隅而已，甚至廣括涵蓋北美各地。

北 美 洲 簡 圖

北冰洋

阿拉斯加

加　拿　大

太平洋

美　國

大西洋

墨西哥

加勒比海

以阿拉斯加為例，凱瑞的超凡閱歷與博學多聞，加上對當地的深入瞭解，連「阿拉斯加灰線」（Grayline of Alaska）旅遊公司的當地巴士駕駛，以及「哥倫比亞冰河遊覽船」的工作人員，遇有不懂的臨場問題，都曉得向凱瑞諮詢。

另外，在加拿大洛磯山脈與墨西哥等地帶團時，凱瑞除了會替遊覽車司機指引特殊旅遊路線，並能適時向一些學者、專家型的旅客，講述令彼等皆為之嘆服的相關旅遊話題。如此看來，凱瑞雖然定居南加州的洛杉磯都會區，但陪同旅客前往美國阿拉斯加、加拿大洛磯山脈、美東、美南、加勒比海及墨西哥等北美洲各地遊歷時，卻不只是一名隨團照應的「領隊」而已，完全可以媲美「當地旅遊工作者」。難怪大家給他「北美導遊」的封號。

凱瑞之所以能夠更上層樓，提升擴充導覽範疇，專精更多導覽地區，是因為凱瑞的認真好學、樂觀進取、執著堅毅。擔任旅遊工作者職務二十多年，旅遊旺季時，凱瑞竭盡心智，帶團遊歷。旅遊淡季時，向來不以書本資訊為滿足的凱瑞，更懂得藉此空檔，隻身前往北美洲各處實地考察探訪。

由於是自掏腰包，凱瑞總是省吃儉用，臥睡車上。這種餐風露宿，如同苦行僧取經的精神，使得凱瑞在艱辛困頓中吸取到的新知，彌足珍貴，更有價值。再加上凱瑞敬業、專業的工作態度與精神，才為凱瑞的旅遊專業大幅拓寬了施展空間，終而造就了如此難能可貴的「北美導遊」。

About

自序

人間仙境 • 慢步快活

　　洛磯山脈，是一座縱貫北美大陸西部的龐大山系。北自美國阿拉斯加州，跨越加拿大育空地方，順沿不列顛哥倫比亞（簡稱B.C.省）與愛爾伯她兩省交界處，二度抵達美、加兩國邊界。

　　重新進入美國後，山脈繼續向南伸展，穿過愛達荷州、蒙他拿州、懷俄明州、猶他州、科羅拉多州及新墨西哥州，最後進入墨西哥境內，與墨國的東馬德雷山脈接壤。在美國與加拿大境內，洛磯山脈綿延總長約達5000公里，是北美洲最長的山脈。而世人鍾愛的加拿大洛磯山脈四大國家公園（以下簡稱加洛四大國家公園）休閒旅遊勝地，就是位於加拿大愛爾伯她省與B.C.省交界這段氣勢超凡、風光旖旎的原野山區。

　　這裡有，高聳入雲的山峰，深邃險峻的峽谷，潔淨清澈的溫泉，雄偉壯闊的瀑布，悠然寂靜的森林，垂懸倒掛的冰河，原始清新的冰河湖泊，蜿蜒曲折的河川溪流，以及生存於天地山水之間，充滿活力的花草樹木，與應予保護的珍禽異獸。如此變化萬千、風情萬種的自然風光，巧奪天工、雄偉壯麗的絕世美景，得天獨厚的加拿大洛磯山脈，宛若人間仙境。

經過加拿大兩家民營鐵路公司十九世紀末的開發經營，及加拿大聯邦政府百餘年來有系統的規畫布建，占地廣達20,235平方公里的加洛四大國家公園內，保有上百處絕妙景點，值得世人造訪。

　　我這個「驢友先行者」何其有幸，從1990年起，連續二十多年親自陪同旅客探訪加拿大洛磯山脈。帶團之餘，還一再深入走訪山區，親自丈量了加拿大洛磯山區，包括遊園公路、單車路徑、健行步道小徑在內的道路系統的距離與里程，確實掌握了最精準、完整的通行其間旅遊資訊。同時，更持續不斷地研讀有關當地的各類旅遊書刊，才能在多方探索與接觸當中，逐漸增加對加拿大洛磯山區整體環節的深入認知與瞭解。

　　以我帶團二十多年的親身體驗，有感於華人旅客在匆匆造訪加洛四大國家公園時，旅遊重點往往偏重於觀賞地表觸目所及的山水美景，卻忽略了此地的旅遊特色與探訪對象還應該包括：**生存於自然山水之間的植物、動物，以及人類在這片天地間的各項建設與開發過往。**

　　加拿大洛磯山脈的山水美景，固然值得擊節讚賞、鼓掌稱善，然而，在「仁者樂山、智者樂水」的同時，隱藏於光芒之內的整體環節，也值得有志於增長寰宇見聞、心懷天地萬物的仁人智士，加以觀察關注，省思體會。

　　有鑑於此，我特別以加洛四大國家公園內四通八達的各個路、徑為出發點，引領旅友出遊。並以我個人發自心靈深處，對生態環境與動、植物保育的關懷為依歸，寫出大自然為人類帶來的諸多感召與啟發。

　　讀者在運用本書，實地造訪加拿大洛磯山脈這處人間仙境時，請確切掌握此等觀察契機，放鬆自我，敞開胸懷，靜心領會，駐足觀賞。只要「放慢腳步、歡樂快活」地接近大自然、維護大自然，當能得享揭開大自然神祕面紗的真正樂趣。如此一來，置身浮華山水世界，關愛天地共生萬物，方能既長智慧，又增仁心。

凱瑞

寫於 美國亞凱迪亞
無花果園

ntains

條條道路通洛磯

六億年前，加拿大洛磯山脈只是一條潛藏於海底的狹長海槽，歷經了數億年，由東面的乾燥不毛陸地沖入淺海的砂粒、淤泥、黏土及石灰岩屑，不斷地堆砌累積，山脈逐漸在「時間工程師」的手中巧妙成形。

一般而言，山區受地形、地勢與天候等因素影響，人口相對稀少，相關交通建設較為不足。縱使在國家公園內闢建山間遊園道路，亦僅限於里程不長、支線不多、分布不密、不與外界相通的「純景觀道路」。然而，加拿大洛磯山區交通建設的周密，卻是與眾不同。

洛磯山脈，位居加拿大人西進探勘、貿易、運輸及移民的要衝，當連接東、西兩岸的橫貫大陸鐵路，於1885年年底穿越高山天險完工通車後，興建鐵路的「加拿大太平洋鐵路公司」（Canadian Pacific Railway，簡稱CPR），為了促銷客車營運，敦請聯邦政府在火車通過的風景秀麗山區成立國家公園，並在國家公園中心規畫興建登山、健行、觀光及休憩等相關旅遊設施。「我們無法將加拿大洛磯的美景運出去，但是能將旅客送進來。」正是CPR鐵路公司總裁的名言。

1915年，汽車禁行山區的限令解除後，雖然減少了火車與馬車的載客量，卻開啟了汽車行駛年代，與此同時，也開放了四大國家公園各大公路的興建。1962年，就連橫貫加拿大的「1號公路」（Trans Canada Highway），都行經班夫與優荷兩大國家公園，加拿大洛磯山區的內、外交通，更是四通八達。加洛四大國家公園的道路交通系統布建得如此周密，包括鐵道、公路、單車路徑、健行步道等，都規畫得非常完善，讓人通行無阻。遊客至此，如果不能善加利用，仍舊只知走馬看花式的定點觀光，或是僅僅欣賞一小部分區域的景致，豈不可惜！

我建議旅客應該採取「逐次、分區」的玩法，從規畫完善的各種路、徑，以騎馬、泛舟、健行、騎單車等方式，走向大自然，方能一窺全貌。

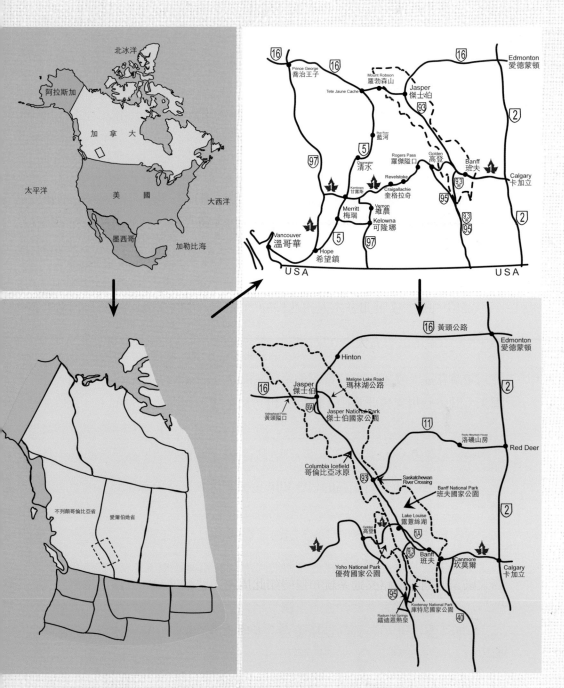

汽車禁行山區的限令於1915年解除，1920年波河河谷公園公路（Bow Valley Parkway，1A公路）完工，1922年庫特尼公園公路（93南公路）完工，1930年代93號替換公路（93 Alternate Highway，93A公路）完工，1940年冰原公園公路（Icefields Parkway，93號公路）完工，1962年橫貫加拿大公路（1號公路）完工。

如何前往加拿大洛磯山脈

前往加拿大洛磯山脈的旅客，通常會選擇搭機到加拿大愛爾伯她省的卡加立（Calgary），再轉車西行128公里（約需一個半小時），進入山城「班夫」。

或者，搭機飛抵愛爾伯她省省會愛德蒙頓（Edmonton），轉車西行370公里（約需四個小時），進入另一北方山城傑士伯。

也有人願意捨近求遠。從加拿大B.C.省太平洋岸的溫哥華（Vancouver），開車行駛近千公里的車程，前往加拿大洛磯山脈一遊。

其實，只要不像急行軍般猛趕路，從溫哥華到班夫或傑士伯，輕鬆慢行，途經六大旅遊地區、五大自然景觀區，倒不失為另外一種絕佳旅遊路線。

從溫哥華出發前往加拿大洛磯山脈，有南、北兩條路線：

» 南線

經由希望鎮、甘露斯／可隆娜、瑞佛斯托克、羅傑隘口、高登，抵達班夫。

» 北線

經由希望鎮、甘露斯、清水、藍河、羅勃森山，抵達傑士伯。

無論經由何種路線或是哪一方向抵達加拿大洛磯山脈，我都會提醒旅客，暢遊山中的祕訣在於：

針對旅遊重點、掌握探訪對象，放慢腳步、輕鬆悠閒、怡然自得、歡樂快活地去旅行，必能乘興而出，盡興而返！

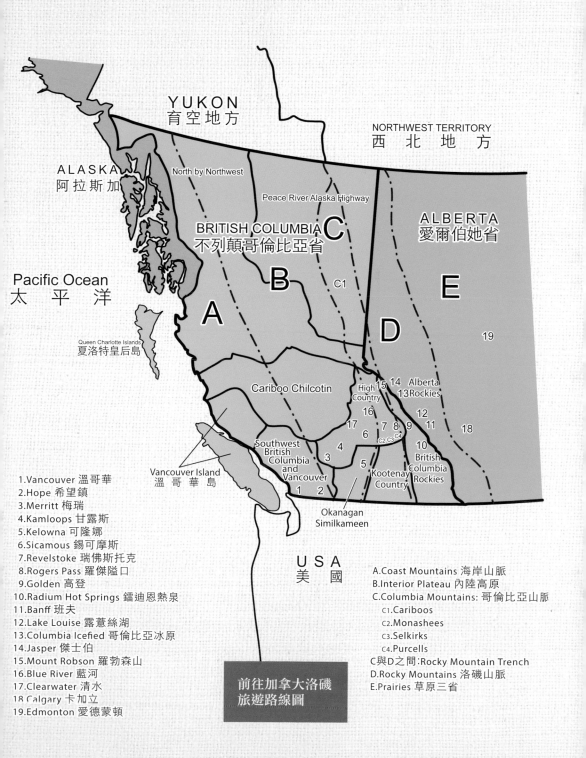

YUKON
育空地方

NORTHWEST TERRITORY
西 北 地 方

ALASKA
阿拉斯加

North by Northwest

Peace River Alaska Highway

BRITISH COLUMBIA C
不列顛哥倫比亞省

ALBERTA
愛爾伯她省

Pacific Ocean
太 平 洋

B

A

C1

E

D

Queen Charlotte Islands
夏洛特皇后島

19

Cariboo Chilcotin

High
Country

15 14 Alberta
13 Rockies

16

17   7 8 9
6 C2 C3 C4 12
4   11

Southwest
British
Columbia
and
Vancouver

3   10
5   British
Columbia
Rockies

Vancouver Island
溫哥華島

Kootenay
Country

1   2

Okanagan
Similkameen

18

1.Vancouver 溫哥華
2.Hope 希望鎮
3.Merritt 梅瑞
4.Kamloops 甘露斯
5.Kelowna 可隆娜
6.Sicamous 錫可摩斯
7.Revelstoke 瑞佛斯托克
8.Rogers Pass 羅傑隘口
9.Golden 高登
10.Radium Hot Springs 鐳迪恩熱泉
11.Banff 班夫
12.Lake Louise 露薏絲湖
13.Columbia Icefied 哥倫比亞冰原
14.Jasper 傑士伯
15.Mount Robson 羅勃森山
16.Blue River 藍河
17.Clearwater 清水
18.Calgary 卡加立
19.Edmonton 愛德蒙頓

USA
美 國

A.Coast Mountains 海岸山脈
B.Interior Plateau 內陸高原
C.Columbia Mountains: 哥倫比亞山脈
  C1.Cariboos
  C2.Monashees
  C3.Selkirks
  C4.Purcells
C與D之間:Rocky Mountain Trench
D.Rocky Mountains 洛磯山脈
E.Prairies 草原三省

前往加拿大洛磯
旅遊路線圖

放慢腳步，快活出遊

從溫哥華出發到加拿大洛磯山脈，不論南線或北線，可行經六大旅遊地區、五大自然景觀區，同時還能暢遊六大國家公園及兩大B.C.省省立公園。

✳ 六大旅遊地區

1. 西南B.C.及溫哥華都會區。

2. 高地鄉野山區。

3. 奧卡那根湖酒鄉／西米爾卡民河谷田園農業區。

4. 庫特尼鄉野山區。

5. B.C.省洛磯山區。

6. 愛爾伯她省洛磯山區。

✳ 五大自然景觀區

1. 海岸山脈。

2. 內陸高原。

3. 哥倫比亞山脈。

4. 洛磯山脈地溝／洛磯山谷（長1450公里，寬3至24公里）。

5. 洛磯山脈。

✳ 六大國家公園

1. 瑞佛斯托克山國家公園，位於哥倫比亞山脈的Monashee Mountains。

2. 冰河國家公園，位於哥倫比亞山脈的Selkirk Mountains。

3. 優荷國家公園，位於B.C.省洛磯山區。

4. 傑士伯國家公園，位於愛爾伯她省洛磯山區。

5. 班大國家公園，位於愛爾伯她省洛磯山區。

6. 庫特尼國家公園，位於B.C.省及愛爾伯她省洛磯山區。

✳ 兩大B.C.省省立公園

1. 威爾葛雷省立公園，位於哥倫比亞山脈的Cariboo Mountains山腳，由藍河與
   清水進出。

2. 羅勃森山省立公園，位於B.C.省洛磯山區。

如何「慢」步快活

■ 十大路線

加洛四大國家公園內，總計有「十大遊園通行道路」路線：

1. 班夫鎮／坎莫爾及班夫鎮近郊路線。

2. 波河河谷公園公路。

3. 橫貫加拿大公路，班夫國家公園路段。

4. 露薏絲湖地區路線。

5. 冰原公園公路，班夫國家公園路段。

6. 冰原公園公路，傑士伯國家公園路段。

7. 93號替換公路。

8. 傑士伯鎮及近郊路線。

9. 橫貫加拿大公路，優荷國家公園路段。

10. 庫特尼公園公路。

以我的經驗，每一條遊園通行路線，既可作為「基本一日遊」，亦可當成「配套多日遊」的路線。端視遊客在各個路線內，停留景點的多寡、駐足時間的長短、使用何種交通工具，及採取哪類活動方式而定。

■ 出遊方式

我為有心放慢腳步、從容享受度假樂趣的「歡樂旅行者」所規畫安排，輕鬆暢遊加洛四大國家公園的方式很簡單。不外乎是：Touring ── 休閒旅遊（請參閱22頁）與Hiking ── 登山健行（請參閱24頁）。

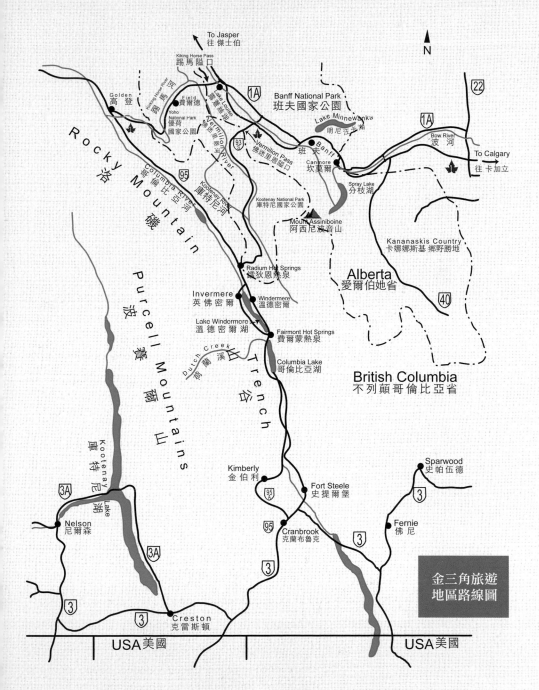

To Jasper
往 傑士伯

Kiking Horse Pass
踢馬隘口

Golden
高登

Kicking Horse River
踢馬河

Field
費爾德

Yoho National Park
優荷國家公園

Lake Louise
露薏絲湖

1A

Banff National Park
班夫國家公園

Lake Minnewanka
明尼汪卡湖

22

1A

Bow River
波河

To Calgary
往卡加立

Vermilion River
佛迷里恩河

93

Vermilion Pass
佛迷里恩隘口

Banff
班夫

Cannore
坎莫爾

Rocky Mountain 洛磯

Columbia River 哥倫比亞河

95

Kootenay River 庫特尼河

Kootenay National Park
庫特尼國家公園

Mount Assiniboine
阿西尼波音山

Spray Lake
分枝湖

Kananaskis Country
卡娜娜斯基 鄉野勝地

Alberta
愛爾伯她省

40

Purcell Mountains 波賽爾山

Radium Hot Springs
鐳狄恩熱泉

Invermere
英佛密爾

Windermere
溫德密爾

Lake Windermere
溫德密爾湖

Dutch Creek 荷爾溪

Trench 谷

Fairmont Hot Springs
費爾蒙熱泉

Columbia Lake
哥倫比亞湖

British Columbia
不列顛哥倫比亞省

Kootenay Lake 庫特尼湖

Sparwood
史帕伍德

Kimberly
金伯利

95

Fort Steele
史提爾堡

3

3A

Nelson
尼爾森

3A

95

Cranbrook
克蘭布魯克

Fernie
佛尼

3

3

金三角旅遊
地區路線圖

3

Creston
克雷斯頓

3

USA 美國

USA 美國

從班夫國家公園的班夫鎮出發，走1號公路，轉往露薏絲湖與莫連冰河湖旅遊之後，重回1號公路，跨越踢馬隘口，進入優荷國家公園。西行遊覽塔卡高瀑布地區與翡翠湖地區之後，前往高登鎮。

在高登鎮，改走95號公路，順沿哥倫比亞河一路南下，到達庫特尼國家公園的鐳狄恩熱泉，轉接93南公路，跨越佛迷里恩隘口，重返出發點班夫鎮。

» Touring休閒旅遊——
駕車前往特定景點遊覽的深度之旅

　　旅遊地區包括：班夫國家公園、傑士伯國家公園、優荷國家公園、庫特尼國家公園、三大國家公園／金三角旅遊地區（地圖詳見21頁）。

　　旅遊內容包括：悠閒賞景，定點遊覽、騎馬、騎單車、泛舟、划船、乘船、浸浴溫泉、理療按摩、溪河垂釣、打高爾夫、搭乘纜車，登山攬勝、冰原雪車，足履冰河、直升機、多功能機動探險車等生態、原野活動。

» Hiking登山健行——
徒步前往原野山區健行的自然之旅

健行地區包括：班夫國家公園、傑士伯國家公園、優荷國家公園、庫特尼國家公園。

登山健行

徒步前往原野山區健行，依照方式、難度與器材，大致可分三類：

● 登山健行（Hiking）。

● 翻山越嶺（Scrambling）。

● 攀岩走壁（Climbing）。

其中以「登山健行」最為老少咸宜。 登山健行時，請在規畫的步道小徑內行走，任意抄捷徑，極易破壞脆弱的大自然環境。

登山健行，須小心自身安全，尤其難度高、坡度大、距離遠的健行路徑，更應於出發前做好萬全準備：

● 高山氣候變幻莫測，常有極快轉換，宜帶保暖、防水衣物。

● 步道、小徑路況不一，宜穿防滑、防濕、保暖，兼具防護功能的鞋子，如有必要，還須配戴安全帽或護盔。

● 攜帶必備基本野外求生安全物品，包括：額外的飲水、食物、衣服、急救醫療包、地圖、哨子、望遠鏡、指南針、工具箱、手電筒、防熊噴劑、驅蚊劑，以及防蚊面紗等。

上山時，不要只是一個勁兒、頭也不抬地衝鋒攻頂、跟蹌快步。得空環顧四周、享受美景，不要讓自己累個半死，到頭來卻空留「身在此山中，雲深不知處」之憾。

Touring

公路定點
深度之旅

班夫國家公園・深度旅遊路線

通行班夫國家公園的遊園路線有五條：

1.班夫鎮及班夫鎮近郊路線。

2.波河河谷公園公路。

3.橫貫加拿大公路（1號公路）班夫國家公園路段。

4.露薏絲湖地區路線。

5.冰原公園公路（93號公路）班夫國家公園路段。

加拿大第一座國家公園

班夫國家公園是加拿大第一座國家公園，成立於1885年，因為發現地熱溫泉而開發。

1883年秋天，替加拿大太平洋鐵路工作的威廉麥卡多、湯姆麥卡多兄弟，與夥伴法蘭克麥凱利用閒暇時間捕獸與探礦，豈知毛皮與礦產尚無所獲，卻在班夫發現一處洞穴下的熱泉。

這個「水金」頓時令他們眼前一亮、嗅得商機，腦中開始構築如何發財致富的美夢。他們決定將這處熱泉占為己有，發展成溫泉度假勝地。然而，這三人做夢也想不到，此舉竟然在無意中，間接促成了加拿大第一座國家公園的誕生。

早在1880年代初期，橫貫大陸鐵路動工階段，加拿大聯邦政府與CPR鐵路公司，已經有在鐵路穿越的加拿大洛磯山區成立國家公園的構想。他們認為：國家公園，能吸引大量遊客搭乘火車進入洛磯，對鐵路營運極有助益；而鐵路的運輸功能，還能令西部B.C.省對聯邦更具向心力。

當然，成立國家公園的舉措，也將為這個在1867年才成立的新興國家，在國際間打響名號。

如今，既然有人發現另一項足以吸引遊人目光的全新旅遊賣點，1885年11月，加拿大政府乃順水推舟，將這處以「洞穴與水窪」熱泉為中心，方圓26平方公里範圍的地方，規畫為公共保留地。兩年後，又擴大為673平方公里，並命名為「洛磯山脈國家公園」。

後來，CPR鐵路公司將「洛磯山脈國家公園」中心的這座山城，以公司董事長喬治史提芬的出生地蘇格蘭「班夫郡」為名，稱做「班夫鎮」。

1930年，《國家公園法》通過，將「洛磯山脈國家公園」擴大為6641平方公里，同時更名為「班夫國家公園」（Banff National Park）。

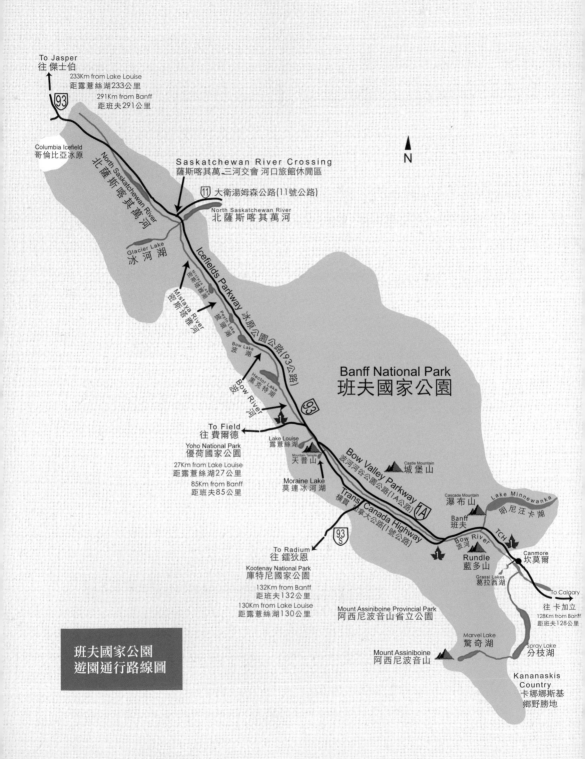

To Jasper
往 傑士伯
233Km from Lake Louise
距露薏絲湖233公里
291Km from Banff
距班夫291公里

Columbia Icefield
哥倫比亞冰原

North Saskatchewan River
北薩斯喀其萬河

Saskatchewan River Crossing
薩斯喀其萬 三河交會 河口旅館休閒區

11 大衛湯姆森公路(11號公路)

North Saskatchewan River
北薩斯喀其萬河

Glacier Lake
冰河湖

Mistaya River
密斯塔雅河

Icefields Parkway 冰原公園公路(93公路)

Peyto Lake
派頭湖

Bow Lake
弓湖

Hector Lake
漢克特湖

Bow River
弓河

To Field
往 費爾德

Yoho National Park
優荷國家公園

27Km from Lake Louise
距露薏絲湖27公里
85Km from Banff
距班夫85公里

Lake Louise
露薏絲湖

Mountain Temple
天普山

Moraine Lake
莫連冰河湖

Banff National Park
班夫國家公園

Bow Valley Parkway
遊河河谷公園公路(1A公路)

Castle Mountain
城堡山

Cascade Mountain
瀑布山

Lake Minnewanka
明尼汪卡湖

Trans Canada Highway
橫貫加拿大公路(1號公路)

Banff
班夫

Bow River
弓河

TCH

Rundle
藍多山

Canmore
坎莫爾

To Radium
往 鐳狄恩

93 S

Kootenay National Park
庫特尼國家公園

132Km from Banff
距班夫132公里
130Km from Lake Louise
距露薏絲湖130公里

Grassi Lakes
葛拉西湖

To Calgary
往 卡加立

128Km from Banff
距班夫128公里

Mount Assiniboine Provincial Park
阿西尼波音山省立公園

Marvel Lake
驚奇湖

Spray Lake
分枝湖

Mount Assiniboine
阿西尼波音山

Kananaskis Country
卡娜娜斯基鄉野勝地

班夫國家公園
遊園通行路線圖

N

■ 班夫鎮及班夫鎮近郊路線

前往班夫鎮及其近郊重要旅遊景點的路線有8條：

隧道山公路
Tunnel Mountain Drive and Tunnel Mountain Road

隧道山公路是行經隧道山山腳的環形觀景公路。全長15公里的隧道山公路，區分為Drive與Road兩個路段。Drive走約4公里，遇丁字路口右轉即改名為Tunnel Mountain Road。

從隧道山公路Drive路段，可以抵達波河瀑布（Bow Falls）景點。

由觀景台眺望隧道山與波河。

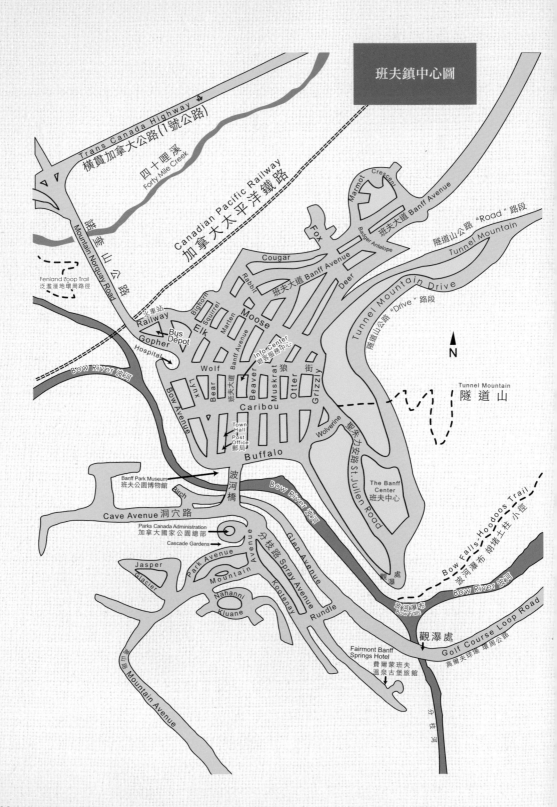

班夫鎮中心圖

Trans Canada Highway (1號公路)
橫貫加拿大公路 (1號公路)

四十哩溪
Forty Mile Creek

Canadian Pacific Railway
加拿大太平洋鐵路

諾奎山公路 Mountain Norquay Road

Fenland Loop Trail
泛蘆濕地環周路徑

火車站 Railway

Bus Depot

Gopher

Hospital

Bow River 波河

Bow Avenue

Fox

Cougar

Rabbit

Bighorn

Squirrel

Elk

Marten

Moose

Wolf

Bear

Beaver

Muskrat 狼

Otter

Lynx

Caribou

Town Hall Post Office 郵局

Buffalo

Banff Avenue

班夫大道 Banff Avenue

InfoCenter 遊客服務中心

Deer

Marmot Crescent

Badger Antelope

班夫大道 Banff Avenue

隧道山公路 "Road" 路段

Tunnel Mountain

Tunnel Mountain Drive

隧道山公路 "Drive" 路段

Grizzly

街

Wolverine

聖朱力安路 St. Julien Road

N

Tunnel Mountain
隧道山

Bow Falls-Hoodoos Trail
波河瀑布 胡都士柱 小徑

Banff Park Museum
班夫公園博物館

波河橋

Cave Avenue 洞穴路

Parks Canada Administration
加拿大國家公園總部

Cascade Gardens

Birch

Bow River 波河

The Banff Center
班夫中心

分枝路 Spray Avenue

Glen Avenue

觀瀑處

Jasper

Glacier

Park Avenue

Mountain Avenue

Nahanni

Kluane

Kootenay

Rundle

Mountain Avenue

Bow River 波河

波河瀑布 Bow Falls

Golf Course Loop Road
高爾夫球場 環周公路

觀瀑處

Fairmont Banff Springs Hotel
費爾蒙班夫 溫泉古堡旅館

分枝路

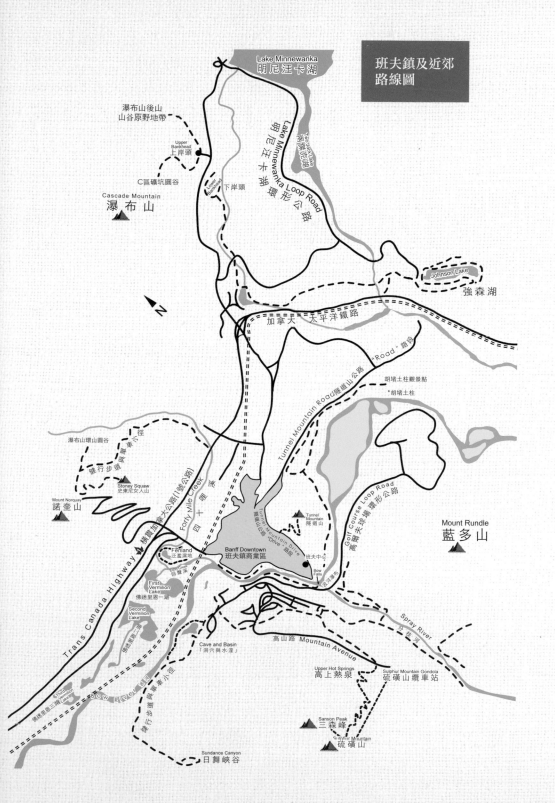

班夫鎮及近郊
路線圖

Lake Minnewanka
明尼汪卡湖

瀑布山後山
山谷原野地帶

Upper
Bankhead
上岸頭

C區礦坑圓谷

Lower
Bankhead
下岸頭

Cascade Mountain
瀑布山

Lake Minnewanka Loop Road
明尼汪卡湖環形公路

Two Jack Lake
兩傑克湖

Johnson Lake
強森湖

加拿天一天平洋鐵路

"Road" 路段

胡堵土柱觀景點

"胡堵土柱"

Tunnel Mountain Road隧道山公路

瀑布山環山圓谷

健行步道與單車小徑

Stoney Squaw
史東尼女人山

Mount Norquay
諾奎山

Forty Mile Creek
四十哩溪

橫貫加拿大公路(1號公路)

Fenland
泛藍濕地

Banff Downtown
班夫鎮商業區

Tunnel Mountain Drive
隧道山公路"Drive"迴路

Tunnel
Mountain
隧道山

Golf Course Loop Road
高爾夫球場環形公路

Mount Rundle
藍多山

班夫中心

Bow
Falls
弓河瀑布

First
Vermilion
Lake
佛迷里恩一湖

Second
Vermilion
Lake
佛迷里恩二湖

Third
Vermilion Lake
佛迷里恩三湖

Bow River Drive弓河道

Trans Canada Highway

健行步道與單車小徑

Cave and Basin
「洞穴與水潭」

高山路 Mountain Avenue

Spray River
芬投河

Upper Hot Springs
高上熱泉

Sulphur Mountain Gondola
硫磺山纜車站

Sanson Peak
三森峰

Sulphur Mountain
硫磺山

Sundance Canyon
日舞峽谷

波河瀑布

　　在此可見對岸的「費爾蒙班夫溫泉古堡旅館」，及從兩岸山崖峭壁間凌空飛墜而下的波河瀑布。

這座用厚皮椴搭建的觀景臺，高度超越波河兩
岸山壁，站立此處能居高臨下，清楚看見坐落
波河南岸的費爾蒙班夫溫泉古堡旅館。

從隧道山公路Road路段，可以抵達藍多山（Mountain Rundle）、隧道山與胡堵土柱（Hoodoos）三個景點。

藍多山海拔2949公尺，是典型因造山運動的斷層作用而隆起、傾側的「斷塊」山。（斷塊山相關文字參見313頁）

隧道山，位於班夫鎮東側、波河北岸，是一座隆起、形似饅頭的小山。

隧道山

　　CPR鐵路公司的測量人員，起初決定在此山開鑿隧道，隨後卻發現山北有開闊谷地，因此放棄原定開鑿穿山隧道的昂貴計畫。雖未真正付諸實行，但是隧道山的名稱依然保留了下來。

胡堵土柱

　　沿著隧道山公路繞至背山處，對岸波河河畔山坡，可見一尊尊矗立河岸坡前、形似松鼠雕像的高大土石堆。這些被稱做「胡堵」的土柱，到底是何方神聖將之堵在河岸坡前？總令初睹此物的遊客納悶不已。

　　早期印地安住民相信，這都是因為晝伏夜出的巨人被吵醒之後，從山上拿大石頭丟擲山下路人所造成的結果。

　　當然，研究地質學的現代科學家，就抱持完全不同的見解。他們認為此處之所以會有高大的土石堆，是因為上次冰河期結束時，受冰河侵蝕切割，使得U型谷含有細砂、淤泥、碎礫及圓石等砂石並存的複合地質。

　　當波河流經此含有不同物質的谷地時，堅硬的碎礫、圓石不受影響，細砂和淤泥則承受不了河水沖刷而遭到侵蝕，形成陡峭岩壁與狹窄溝脊並存的「部分侵蝕」現象，再經歷長期的大量雨水沖刷，不斷加深溝脊切割，終於造成今日一個個獨立高聳的胡堵土柱。

胡堵土柱是地質受到「部分侵蝕」的現象，如果上端碰巧又有特別堅硬的巨礫保護，阻擋侵蝕，長久下來，土柱將更為高聳，甚至可達5、60公尺，相當壯觀。

2 前往「洞穴與水窪熱泉」的洞穴路
Cave Avenue

從班夫市中心班夫大道，過波河橋右轉，即為洞穴路。洞穴路終點，就是加拿大國家公園系統的誕生地點——洞穴與水窪熱泉。加拿大政府在1985年，將此地定為「洞穴與水窪加拿大國家史蹟現址」，加以紀念維護。

此一史蹟現址，包括了為緬懷班夫國家公園成立100週年而興建的百年紀念中心，與4條健行步道和單車路徑。

發現步道

這條0.4公里長的木板路健行步道，帶您重回1883年，麥卡多兄弟與麥凱3人發現熱泉的洞穴現場。

沼澤步道

到「洞穴與水窪加拿大國家史蹟現址」一遊，不要只顧著參觀歷史建物，最好也能抽空走向戶外，沿著這條0.5公里長的環形木板路健行步道，觀察熱泉為大自然帶來的變化與影響。包括茂盛常青的植物、不再遷徙的候鳥，甚至如米粒般大小的蝸牛，及幾種非寒帶魚類在此富含各種礦物質的泉源中，逍遙自得、優游其間的特殊景象。

沼澤環形路徑

這是同時可供健行與單車使用，途經熱泉沼澤區的環形路徑，全長2.7公里。

日舞峽谷路徑

這是同時可供健行、單車及騎馬使用的路徑，單向全長3.9公里。日舞峽谷，是因為早期印地安原住民曾在此峽谷內進行祭日祈福儀式而得名。

日舞峽谷路徑

3　前往硫磺山的高山路
Mountain Avenue

　　從班夫市中心班夫大道，過波河橋左轉，在下一個道路分叉路口靠右，就會走上開往硫磺山的高山路。

　　高山路終點有兩處停車地點：右邊為硫磺山「高上熱泉」（Upper Hot Springs），直行則為硫磺山纜車站（Sulphur Mountain Gondola）。

高上熱泉

　　其實，在麥卡多兄弟與麥凱三人發現洞穴熱泉之前，早就有原住民將洞穴熱泉視為療養聖地。1858年，地質學家詹姆斯黑克特博士，也曾在史東尼印地安人的引領下，來到洞穴熱泉區。然而，自1992年以後，「洞穴與水窪熱泉」已不再開放營運。

　　在硫磺山已發現的好幾處熱泉當中，高上熱泉的泉水溫度最高，其最高溫可達攝氏47度。全年開放、景色秀麗，泉水溫度保持設定在攝氏40度，並附有按摩理療、美膚美容的高上熱泉，是加拿大洛磯山區鬆弛身心的最佳休閒場所。

　　除了在高上熱泉浸浴休憩，另外還可以在附近從事健行活動。從停車場最靠近溫泉浴池的角落出發，走單向全長5.5公里的健行小徑，可以登上硫磺山山頂。

溫泉浸浴是放鬆身心的良方，附近也很適合健行活動。

關於熱泉

✳ 水從哪裡來？

大部分在硫磺山山坡的降雨與積雪，最終都流入波河。然而仍有部分雨雪透過山壁細微縫隙，往下滲漏至地底數公里處，形成地下水源。這些地下水源受高溫與高壓雙重影響，就形成日後噴湧出地面的熱泉。

✳ 水何以溫熱？

地下水源被來自地心的強烈高溫燒熱，並受高溫與沉積地底高壓的雙重影響，循著斷層裂縫向上噴湧出地面。至於熱泉溫度的高低，則取決於熱水冒出地面速度的快慢，以及與地表冷水結合的多寡程度而定。班夫小鎮附近的數處熱泉，其溫度高低，各有差異，「高上熱泉」屬熱泉，「洞穴與水窪熱泉」則為溫泉。

✳ 水溫幾度才是熱泉？

一般而言，水溫只要高於人體正常體溫（攝氏37度／華氏98.6度）就屬於熱泉。熱帶地區則以當地氣溫為準則，高於氣溫才是熱泉。

✳ 水何以有味？

熱水能讓岩層中的各種固態礦物質剝離脫落，而溶於液態水中。班夫地區的熱泉之所以會有腐臭蛋味，是因為溶於水中富含硫礦物的礦物質受到水中細菌破壞，分解硫酸鹽成分，再與水中氫原子結合形成硫化氫，才有此等怪味。

硫磺山纜車站

　　加拿大洛磯山區有不少登山纜車，但因硫磺山所在的班夫小鎮是地理位置絕佳的必經之地，十多年前又改換全新纜車、搭建山頂木板步道，並且與經營哥倫比亞冰原雪車的「布魯斯特」著名老牌旅遊公司聯手合作，自然成為旅客必至之地。看見停車場停滿大、中、小各型車輛，此地受歡迎的程度可見一斑。

　　纜車站所在海拔為1538公尺，與山頂車站海拔2236公尺的垂直落差有698公尺，但由於是沿著山坡斜面而行，其實際行駛距離，遠遠超過垂直落差，長達1560公尺。不論上行、下行，單趟皆為八分鐘。

　　硫磺山山頂4層樓的建築物裡，有兩個餐廳與360度視野的觀景臺，可以清楚遠眺波河河谷與四周群山美景。從山頂纜車站，可見對面山頭，海拔2337公尺的「三森峰」。

　　從纜車山頂站，旅客可走1.6公里的木板步道到三森峰峰頂，親自探訪宇宙射線觀測點與天氣觀測臺，體會今昔之別。

如果不想徒步上山，可以購票搭乘4人座小纜車登頂攬勝。

三森峰天氣觀測臺

三森峰，是為紀念諾曼三森而命名。

三森峰峰頂上有一高臺，原為天氣觀測所，由加拿大政府於20世紀初期建立。當年，班夫的先驅氣象工作人員諾曼三森，為了記錄天氣數據，曾上千次攀爬至山頂的氣象臺工作。

三森任職之初，首都渥太華總部將足以使用30年分量的氣象紀錄空白紙交給他，他覺得加拿大政府真是單方面的一廂情願，過於樂觀，認定他能長久在此任職。然而，知人善任的加拿大政府還真押對了寶。認真盡職、全力以赴的三森，不但將這麼多年分量的空白紀錄紙提早用完，甚至還繼續不停地爬至山頂，又工作了十個年頭，才於1931年榮退。

這麼辛苦的差事，在三森先生退休後，自然是後繼無人，天氣觀測臺也隨即關閉。

在氣象臺下方，另有一座於1957年至1958年間，為國際地球物理年而興建的硫磺山宇宙射線觀測站。這個不再使用的高海拔地球物理實驗站遺跡，如今已被列為「加拿大國家史蹟現址」。

其他所有旅館與相關旅遊服務措施皆位於波河北岸，只有費爾蒙班夫溫泉古堡旅館單獨坐落在波河南岸。百餘年來，歷經增建擴充，甚至1926年慘遭回祿，這座班夫地標，依然穩如磐石地屹立著。

4 前往費爾蒙班夫溫泉古堡旅館的分枝路
Spray Avenue

　　從班夫市中心班夫大道，過波河橋左轉，上分枝路，在下一個道路分叉路口直行，就會抵達費爾蒙班夫溫泉古堡旅館。

　　班夫溫泉古堡旅館，是CPR鐵路公司當年為了推廣全新完工的橫貫大陸鐵路，而興建的系列旅館之一。1888年，班夫溫泉古堡旅館落成營業，立即被視為北美洲大陸東、西兩岸之間，CPR系列豪華旅館的翹楚。

　　如今，已改隸費爾蒙（Fairmont）旅館集團的費爾蒙班夫溫泉古堡旅館，不僅是豪華氣派的表徵、休閒度假的住所而已，在加速加拿大發展、團結與統一的層面上，更是意義非凡。

5 費爾蒙班夫溫泉古堡旅館高爾夫球場環形公路
Golf Course Loop Road

從班夫市中心班夫大道，過波河橋左轉，上分枝路，在下一個道路分叉路口靠左，即可駛往「高爾夫球場環形公路」。

高爾夫球場環形公路是一條寧靜安逸、景色優美的道路，有絕佳的波河及群峰景觀。9月入秋後，此地雄性北美大角鹿發出的響亮淒厲求偶鳴聲，更是令人印象深刻。

這條全長15公里的路線，帶您走過波河瀑布、費爾蒙班夫溫泉古堡旅館附設的高爾夫球場，及終點前的環狀路段。

波河瀑布

在波河下方的這個觀景點，可以觀賞波河瀑布正面全景。也可以循著岩壁階梯，登高而上，俯視山腳下的波河瀑布，別有一番景象。波河對岸山壁邊的公路，正是隧道山公路。從隧道山公路高處停車地點，亦可駐足觀賞波河瀑布，該景點已於34頁介紹。然而，正因為此處路面較寬，停車場範圍較大，遊覽車駕駛多半選擇載客至此觀賞波河瀑布。

波河瀑布如今的規模已遠不如從前雄偉壯觀。

佛迷里恩系列3湖沿岸，是觀賞、拍攝藍多山的絕佳地點。

佛迷里恩系列3湖公路
Vermilion Lakes Drive

　　介於橫貫加拿大1號公路與橫貫大陸鐵路之間的佛迷里恩系列3湖公路，單向全長5.7公里，公路沿線的3湖湖畔有多處小堤岸，可供遊客休憩、攝影、觀景與賞鳥。

　　佛迷里恩系列3湖，是3個由海狸堆築水壩相連，其間摻雜許多沼澤、池塘及開放水道的淺湖。雖說規模不大、外型普通，但可別因此小看了它們，它們可是山地湖泊與濕地的最佳生態環境典範。

密布岸邊與水中的各類花草樹木，顯得生機盎然，自然而然吸引了各類動物來此覓食、棲息，佛迷里恩系列3湖因此成為加洛4大國家公園內，最重要的候鳥濕地保育區。

在開車、騎單車或徒步進入佛迷里恩系列3湖公路之前，班夫國家公園在這裡還規畫了另一處濕地生態保育區——泛濫（Fenland）濕地。全長2.1公里的泛濫濕地環形路徑，讓健行者、單車騎士貼近瞭解與佛迷里恩系列3湖同樣的濕地生態環境。

食宿兩全的泛濫濕地

　　這個名為Fenland的地方，根據它的英文發音與意義，我特別把它稱做「泛濫」濕地。

　　我仍然清晰記得，20多年前初次在此地仔細觀察後，發現環繞山城班夫的這些溪河、濕地與湖泊，猶如護城河一般，保護了班夫與周遭草木樹林免受祝融肆虐。

　　因為生態環境受到保護，叢生密布於此的各類草木植物，才能提供各類哺乳動物充足的食物與遮掩。這塊位於河谷低地樹林當中的泛濫濕地，堪稱野生動物的家園。

　　泛濫濕地與佛迷里恩系列3湖內，樹林、灌木叢及濕地沼澤的混合地帶，也為許多不同鳥類提供食宿兩全的環境，成為班夫國家公園內最佳賞鳥地區之一。當然，因為積水充足，在泛濫濕地內，蚊子既多又凶猛，進入此區，請做好驅蚊防護措施。

　　泛濫濕地內的自然環境並非永遠一成不變，總是面臨縮水、漲水兩種情境。這一縮一漲之間，便使得區內生態完全改觀。

　　每當少量洪水泛濫過後，會為沼澤帶來層層淤泥。死去的草本植物腐敗之後，埋在日益加深的堆積土壤中，逐漸填補沼澤……先是闊葉樹，然後是針葉樹，開始在日益乾涸的土壤中落地生根。當沼澤逐漸縮水，最後終將地盤讓給樹林後，松鼠小輩這才驚喜地發現，牠們的行情看漲、世界擴張，而更多種類的植物也會在此生長，吸引其他動物。

　　然而，一旦這塊新生乾地再次被大量洪水或海貍修堰築壩的積水淹沒，泛濫濕地又會迅速收復「濕」地，取而代之。

7 諾奎山公路
Mountain Norquay Road

　　單向全長7.5公里的諾奎山公路，在持續爬坡、快至終點前的轉角斜坡草原與厚皮樅林區，有一處觀賞藍多山並可遠眺波河河谷與班夫鎮的絕佳景點。

諾奎山公路的終點，通往海拔2515公尺的諾奎山滑雪場。

此一南向30度的斜坡乾燥草原，滿布長草與厚皮樅，因為這裡的方位與角度，能接受更多、更長且更直接的日光照射。

8 明尼汪卡湖環形公路
Lake Minnewanka Loop Road

　　這條全長16公里的環形公路，從班夫城東的1號公路叉口開始。沿途景點包括：岸頭煤礦與小鎮遺址、兩傑克湖、強森湖。

兩傑克湖

強森湖

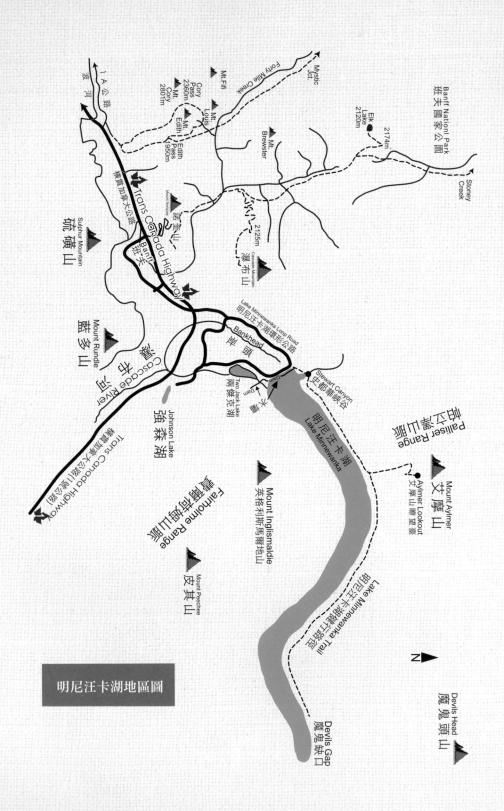

明尼汪卡湖地區圖

岸頭煤礦與小鎮遺址

　　1885年，地質學家喬治・道森發現，從班夫北邊的瀑布山底層斜坡，往南一直延伸至坎莫爾，皆有大規模高級煤礦，他將之稱為「瀑布煤盤層」。

　　10多年後，CPR鐵路公司成立了「太平洋煤礦公司」，註冊登記了「80號礦區」。1904年，兩條長600公尺的平行礦坑隧道鑿設完成，到1911年，80號礦區已僱用了300名礦坑工人及180名地面工作人員，不久，以此礦區為中心的近千人小鎮「岸頭」於焉誕生。

　　「岸頭礦區」的煤蘊藏量雖然極為豐富，卻因瀑布山這種「斷塊山」褶曲與斷層並存的不成形岩層，使得傾斜其中的煤層極難開採。所幸開採之初，整個市場需煤強烈，盈餘可觀。1922年，汽車已獲准進入山區，用煤需求量因而降低並減產，盈收也持續下滑，再加上一向存在的勞資雙方歧見，終於導致煤礦場關閉與遷鎮的噩運。1930年，加拿大通過《國家公園法案》，禁止在國家公園內伐木與開礦。

　　雖說今日來到此地，我們再也看不到當年礦工生活與工作的情景，但置身班夫國家公園規畫的3條步道，遊客仍能在「岸頭遺址」參觀探訪。

明尼汪卡湖

　　明尼汪卡湖是充滿傳奇色彩的湖泊。早在歐洲白人到此之前，印地安原住民已在此生活了上萬年。明尼汪卡（Minne-wanka）一詞源自史東尼語，是「精靈之水」的意思。明尼汪卡湖，意為水靈之湖。

　　史東尼人對明尼汪卡湖有無限的敬畏與懼怕之心。他們相信湖中有一位好精靈，他半人半魚，與其他魚群共同生活在湖底深水之處。一日，露宿湖岸邊的史東尼人突遇異族奇襲，眼見危殆，好精靈立即興風作浪，將外敵捲入水中溺斃，解救了史東尼人。為此，史東尼人經常在湖畔舉辦敬天、拜神、祈福與謝恩這類超自然儀式。

　　至於湖東的鬼河、鬼湖、死人丘與魔鬼頭山等名稱，更顯見與明尼汪卡湖有關的鬼神故事還真不少。諸如此類荒誕不稽的傳說，多多少少嚇阻了從古至今的湖上泛舟活動。

（左圖＆上圖）
明尼汪卡湖東西長約20公里，兩岸寬兩公里，介於北方帕立澤山脈與南邊費爾荷姆山脈之間。由於兩邊皆為河谷低地缺口，一旦起風，置身湖心的一葉扁舟，真的無法承受如此風浪，的確驚險萬分。史東尼人敬畏自然、尊重山水，現代人亦應如此。

（右圖）
加洛四大國家公園只有兩處湖泊夠規模、有資格，以機動船行駛湖面：一是瑪林湖，另一則是明尼汪卡湖。

　　明尼汪卡湖是加洛山區最大的湖泊之一，在如此遼闊的湖面從事水上活動，還是以搭乘機動引擎的遊覽船遊湖會比較輕鬆愉快、安全舒適。

■ 波河河谷公園公路

波河河谷公園公路主要旅遊景點如下：

›› 騾蹄野餐區

這個野餐區，因附近有個類似騾蹄型的小湖而得名。

從停車場走過長僅約300公尺的健行步道，可以看見這個因波河溢流彎曲，而形成的「騾蹄湖」。

在此地休憩時，請留心觀察周遭白楊樹、黑棉楊木、松樹、樅樹與火紅草花，還有哥倫比亞地洞松鼠（左圖），及各種林間鳥與水鳥。

在與騾蹄湖反方向的柯瑞山山壁，可以清楚看見名為「山壁之洞」的特殊景致（右圖）。它最初是被雨、雪滲透石灰岩層縫隙而溶蝕成的通道，經過史前冰河時期的冰河切割磨擦，終於形成今日的酷炫景象。

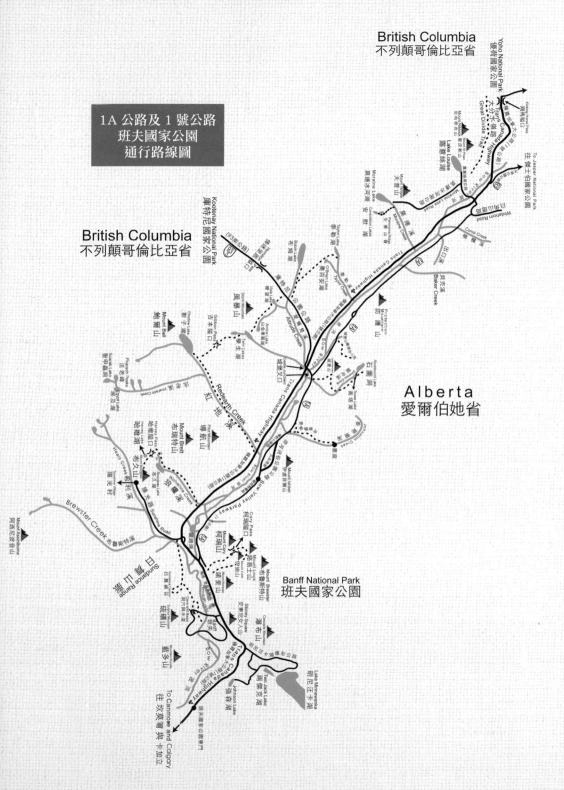

British Columbia
不列顛哥倫比亞省

1A 公路及 1 號公路
班夫國家公園
通行路線圖

British Columbia
不列顛哥倫比亞省

Alberta
愛爾伯她省

Banff National Park
班夫國家公園

生態觀景公路

　　波河河谷公園公路沿波河而行，全長51公里，始建於1920年，1986年完成維修保養路面升級。

　　這條又稱為1A公路或1號替換公路（1 Alternate Highway）的波河河谷公園公路，與1號公路平行，同樣連接班夫鎮與露薏絲湖村。然而，波河河谷公園公路卻相對寧靜安詳、景致秀麗，是個十足的遊園觀景道路。因此，在車行至此時，應放慢車速，停下腳步，在每一個值得停留的景點步道，盡情地領略自然、享受人生。

　　波河河谷的自然生態環境，吸引了許多不同種類的野生動物，行車時，請保持警覺，應該有不少機會，可以觀賞到糜鹿、北美大角鹿、騾耳黑尾鹿、大彎角羊等大型動物。建議您時刻睜大雙眼，或許甚至有機會發現黑熊、野狼等，難得一見的野生動物蹤跡。

不能傳宗接代的白楊樹

　　從騾蹄野餐區西行，直到**鋸背野餐區**，能見到公路邊的乾焦枯黑針葉樹林與完好無缺的白楊樹。此一全長約5公里的怪異區段，正是班夫國家公園於1993年為自然生態保育而採行**「特許燃放」**引火「助」焚的一項特殊防護措施。

　　助誰？護誰？又要焚誰？令人滿心疑惑。其實說穿了，一切作為，全是為了白楊樹（Aspen Poplar）。

　　白楊樹是闊葉樹，卻不會像一般的闊葉樹一樣開花結果，進行有性生殖、繁衍後代。它全靠樹身的吸根行無性生殖，複製再生。由於缺乏傳播花粉、開花結果及產生種子的功能，一時之間自然無法再生新樹，只好等能活75～120年的白楊樹生命結束後，利用腐樹吸根重新複製與原株完全一樣的再生白楊。

　　理論如此，實際上真有那麼好的機會，輕而易舉地複製再生？

　　經過百餘年歲月，老舊樹林的雲杉、樅樹類等高大「頂層樹林」，早已遍布山野，讓急欲新生的白楊樹幼苗難有生存空間。然而，白楊樹的命運，並非如此悲觀。火苗，正可適時協助白楊，再生全新樹苗！當烈燄過後，燒毀包括白楊樹在內的許多樹種，反而有助白楊樹藉其殘餘吸根，立即從枯焦樹林的空地中，崛起再生。

　　因為愈來愈多北美大角鹿在這一帶對白楊樹造成影響，遊客可以在鋸背野餐區一帶看到人造圍籬，以防止過多草食動物肆意啃嚙摧殘白楊樹。

　　除此之外，班夫國家公園管理單位更規畫出5公里的地帶，祭出引火助焚的法寶，協助白楊再生！

彷彿籠罩一層神祕面紗的導航小湖，如夢似幻的美景，令人心儀。

» 導航小湖（Pilot Pond）

導航小湖位於伊虛貝爾山山腳下，「丘谷滑坡」的下方。為何平坦谷地，會成為波浪起伏般的圓丘滑坡？

當上一個冰河時期結束之初，冰河開始融解，冰河邊緣的岩石浸泡在超量的冰河融解水源中，一旦冰河完全消融，被水浸泡鬆弛的岩層，隨即滑落谷地。這個區域的波河河谷，因為冰與水的過往因素，使得理應平坦的谷地，變成一系列圓丘狀的地形。

車行至此，雖然因為被樹林遮掩，看不見伊虛貝爾山山腳與公路間的圓丘滑坡谷地，但是從沿途公路一會兒爬坡、一會兒下坡的路況，可知確實是山丘地形。在丘谷滑坡最下方，遭滑落岩層撞擊而成的窪地積滿水後，就成了這個導航小湖。

波河河谷公園公路的這個路段，因為是單行道，前往導航小湖，只能在東行方向時，右轉至此。導航小湖是個隱藏在樹林中的大自然傑作，稍不注意，即有可能錯過此一景點。縱使停車觀看，也很容易因為只見地質解說牌，覺得單調無趣，隨即驅車離去。實際上，在解說牌後面下方，就有兩條健行小徑：

一是下坡路段，有些陡峭，所幸不長，僅300多公尺距離即可行至湖畔。另一健行小徑則須先下行一小段，再爬坡而上，總計200公尺，就可以抵達居高臨下的觀湖景點。

當我終得欣賞此一谷底小湖，猛一抬頭，瞧見湖面上方當年被白人拓荒者，視為導引領航、不致迷失方向的顯著地標，頓時恍然大悟。這座海拔2649公尺的導航山與山下的導航小湖，得名果真其來有自。

上瀑布。　下瀑布。

» 姜斯頓峽谷（Johnston Canyon）

　　姜斯頓峽谷是加拿大洛磯山區最熱門的旅遊景點之一，受歡迎的程度，從午後停車場即告客滿，波河河谷公園公路兩旁車輛大排長龍的盛況，可見一斑。

　　此處有夏日開放的小旅館、餐廳、冰淇淋攤，及普受遊客喜愛的健行路徑，引領遊客沿姜斯頓溪流經的姜斯頓峽谷，走1.1公里到「下瀑布」，走2.6公里到達姜斯頓溪墜落30公尺而形成的「上瀑布」。

　　姜斯頓峽谷兩壁高聳狹窄，幾乎看不見天際，空氣異常清新涼爽，潺潺流水，聲聲入耳。在峽谷中，水與石的關係簡直密不可分。

　　水能切石、破石，更能運石，甚至在運石過程中，還能決定哪塊石頭該留、哪塊該走。就算要走，何時該移開，亦由水全權處理。然而石也並非總是如此被動，它若一旦發威，阻塞通路，水也不得不暫且改變流向。

在姜斯頓峽谷內健行的經驗十分奇特，令人印象深刻。

　　不過總結而言，別看這些屹立山壁的硬石是如此堅固，終究逃不過柔水的無堅不摧。

　　姜斯頓峽谷中雖多為岩壁，但只要針葉樹的幼苗找到水源、土壤，以及足夠支撐樹身的岩石裂縫，就能生根發芽、孕育成長。

　　然而，大的岩石裂隙或可支撐小樹的重量，但時日一久，樹身過大，加上強風吹襲，終將使樹木失去立足之地，不支倒地。這也是為何會在峽谷中見到如此多倒樹的原因。

　　由於姜斯頓峽谷中充滿水氣，到處可見羊齒、苔蘚、地衣與矮寄居欄等性喜潮濕的植物，滿布地表、岩壁與樹身。峽谷中所見動物，有機伶可愛的金線地松鼠，以及各種水禽、候鳥。

» 城堡叉口（Castle Junction）

位居波河河谷公園公路中點的城堡叉口，是轉往露薏絲湖村與班夫鎮最近的中繼站。由波河河谷公園公路城堡叉口西行路線往左，過了波河橋，不到1公里，就能轉接1號公路與93南公路，這兩條加拿大洛磯山區內的重要遊園道路。

從城堡叉口出發，能快捷便利地抵達班夫國家公園的城堡山、姜斯頓峽谷，及庫特尼國家公園的風暴山、瞭望湖……等著名景點。正是因為有此地利之便，位於波河河岸附近的城堡叉口，才會有旅館、餐廳、露營地、雜貨店與加油站等完善的旅遊服務設施，是一處極佳的賞景與休憩地點。

» 城堡山崖

此一路邊停車景點，讓遊客能近距離觀察城堡山一個個塔狀山頭的獨特造型。

» 風暴山（Storm Mountain）

停車場這邊，走上小坡，可見山丘下的CPR鐵路與波河。遠望可見風暴山（下圖）。另一邊則是拍攝城堡山的極佳定點。

» 貝克溪野餐區

在這裡，貝克溪（Baker Creek）所形成的較小谷地，由高處切入波河河谷的主要谷地，形成了地質學所謂的「谷中有谷」。（谷中有谷，相關文字參見136頁）

正因為這些由較高谷地沖刷而下的溪流落差大，水流相對快速且強而有力，溪澗流經之處，很快就形成了瀑布、激流及峽谷，石塊也由山中搬至溪中谷底。

極目遠眺之後，我從野餐區沿著貝克溪走約150公尺，到了一座小橋。在橋上，我傾聽潺潺流水，仔細端詳溪中礫石。同時，對照適才所見的遠方與周遭景致，立時頓悟：

這溪中的石塊，一度曾是巨大山系。山，一點一滴地，被水移位變動，這美妙的水聲，豈不就是將山石消磨損耗的幕後推動力量！

天普山

» 柵欄溪野餐區

　　從波河河谷公園公路轉入叉路後，右轉再開0.3公里，即可進入柵欄溪野餐區，觀賞海拔3543公尺的天普山，享受片刻休閒寧靜。

» 波河河谷公園公路與白角山道路叉口

　　此處是全長51公里的波河河谷公園公路的西行終點，東行起點。在這個叉口路段，右轉接白角山道路，通往露薏絲湖地區的白角山滑雪勝地。

　　而左轉走0.8公里，轉接1號公路，則可以分別通往露薏絲湖地區、優荷國家公園，及傑士伯國家公園等旅遊景點。

■ 橫貫加拿大公路班夫國家公園路段

（地圖參見57頁）

橫貫加拿大公路班夫國家公園路段的主要旅遊景點如下：

›› 班夫國家公園東門

由班夫國家公園東門入口西行，進入班夫國家公園不久，就能看見橫置於道路盡頭正前方的瀑布山，自地平線的樹林中聳入天際。再走6.4公里，更可以清楚看見這座瀑布山的三明治夾心結構。

遊園
道路

穿越國家公園的交通動脈

橫貫加拿大公路（1號公路），是連接加拿大大西洋與太平洋東、西兩岸的交通動脈，在加拿大洛磯山區，貫穿班夫與優荷兩大國家公園。

在班夫國家公園的路段，橫貫加拿大公路沿著波河，與全長51公里的波河河谷公園公路平行並進。

既然，另有可供替換行駛的選擇公路——波河河谷公園公路，如果沿線有重複的波河河谷風光，建議您不用走車速頗快的橫貫加拿大公路，還是走波河河谷公園公路前往各個景點，輕鬆悠閒地休憩賞景為佳。

橫貫加拿大公路除了波河沿岸的景觀，主要是公路另一側的大分水嶺群山景致，值得遊人注目。

» 佛迷里恩系列3湖

　　有兩條路線，可以觀察、瞭解佛迷里恩系列3湖。

　　一條是從佛迷里恩系列3湖公路，利用駕車、騎單車、徒步健行等方式，近觀佛迷里恩系列3湖與藍多山的雄偉景觀。另一條則為此處的橫貫加拿大公路路段，可以在此路邊停車景點，居高臨下，遠眺佛迷里恩系列3湖與周遭群山的美景。

» 陽光村交叉路口

　　由橫貫加拿大公路與陽光村交叉路路口，轉接陽光路，再行駛9公里，即至班夫地區最負盛名的冬日滑雪勝地——陽光村的山下停車場。

　　夏日此地登山纜車雖然不開放使用，但是仍有班夫國家公園准許的商用接駁公車，載客到海拔2200公尺，位居高山湖泊之間、各類野花滿山遍野的「陽光草地」。陽光草地除了景色優美，更有諸多健行路徑，通往包括阿西尼波音山（Mount Assiniboine, 3618公尺）在內的大分水嶺群山。

有「洛磯羊角雪峰」美譽的阿西尼波音山

» 城堡山

　　遊客可以從3條公路觀賞城堡山：一是波河河谷公園公路；二是前往庫特尼國家公園的93南公路；第三則是1號公路行經此地的景點。在這3個路段，以不同距離、不同角度、不同方向欣賞城堡山，各有特色。

» 城堡叉口

　　從城堡叉口出口左轉，立即可以接上前往庫特尼國家公園的93南公路。93南公路的前10公里路段，仍然屬於班夫國家公園的範圍。而從城堡叉口出口右轉，走不到1公里，可以與1A公路銜接。（相關文字參見64頁）

從天普山徒步下山。

» 天普山

　　旅客可以從4條公路觀賞海拔3543公尺的班夫國家公園地標──天普山：
一是波河河谷公園公路；二是莫連冰河湖公路；三是冰原公園公路；第四則是
1號公路行經此地的景點。

» 露薏絲湖村及波河河谷公園公路交叉路段

　　1號公路從這個交叉路口出口左轉，可至露薏絲湖地區。而右轉不遠，即
可銜接波河河谷公園公路的東行起點／西行終點。

» 冰原公園公路叉口

　　1號公路，從這個交叉路口出口右轉北行，銜接冰原公園公路，可經由班
夫國家公園，前往傑士伯國家公園。

» 踢馬隘口（Kicking Horse Pass）

　　海拔1643公尺的大分水嶺隘口──踢馬隘口，是班夫國家公園與優荷國家
公園的分界點。過此分界點，也就離開了愛爾伯她省，進入B.C.省。

■ 露薏絲湖地區路線

　　利用露薏絲湖地區的露薏絲湖公路、莫連冰河湖公路、白角山道路，可以
分別抵達露薏絲湖、莫連冰河湖與露薏絲湖登山纜車車站3大旅遊地點。

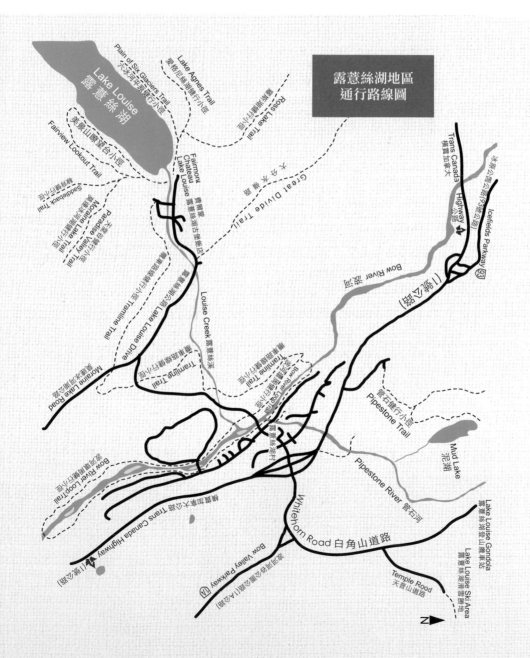

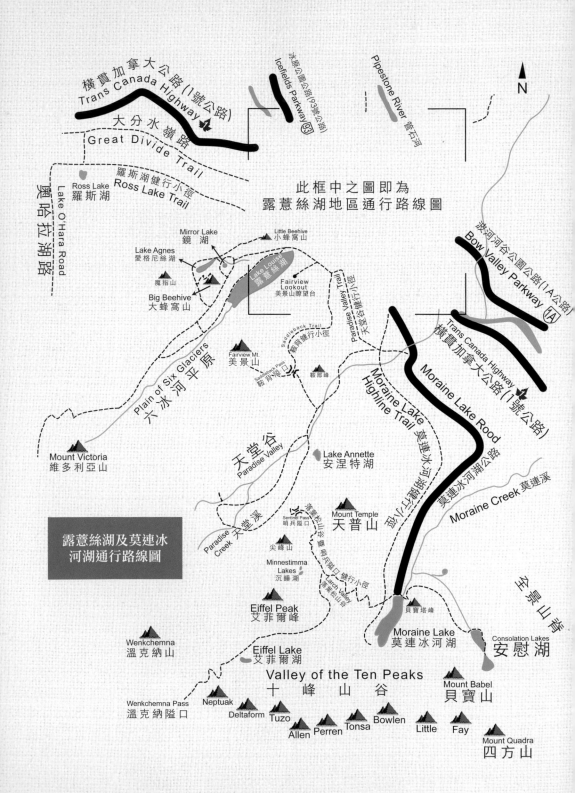

露蕙絲湖及莫連冰河湖通行路線圖

横貫加拿大公路(1號公路)
Trans Canada Highway

冰原公園公路(93號公路)
Icefields Parkway 93

Pipestone River 管石河

N

大分水嶺路
Great Divide Trail

奧哈拉湖路
Lake O'Hara Road

羅斯湖
Ross Lake

羅斯湖健行小徑
Ross Lake Trail

此框中之圖即為
露蕙絲湖地區通行路線圖

波河河谷公園公路(1A公路)
Bow Valley Parkway A

Mirror Lake
鏡湖

Little Beehive
小蜂窩山

Lake Agnes
愛格尼絲湖

魔指山

露蕙絲湖
Lake Louise

Fairview
Lookout
美景山瞭望台

天芙谷健行小徑
Paradise Valley Trail

横貫加拿大公路(1號公路)
Trans Canada Highway

Big Beehive
大蜂窩山

Saddleback Trail

Fairview Mt.
美景山

鞍背健行小徑

鞍部峰

Saddleback Pass
鞍背嶺口

Moraine Lake
Highline Trail
莫連冰

Moraine Lake Road

Plain of Six Glaciers
六冰河平原

Mount Victoria
維多利亞山

天堂谷
Paradise Valley

Lake Annette
安涅特湖

莫連冰河湖公路

Moraine Creek 莫連溪

Paradise Creek 天堂溪

Sentinel Pass
哨兵隘口

Mount Temple
天普山

莫連松山谷

哨兵隘口健行小徑

尖峰山

全景山脊

Minnestimma
Lakes
沉睡湖

Larch Valley
落葉松山谷

Eiffel Peak
艾菲爾峰

貝寶塔峰

Moraine Lake
莫連冰河湖

Consolation Lakes

安慰湖

露蕙絲湖及莫連冰
河湖通行路線圖

Wenkchemna
溫克納山

Eiffel Lake
艾菲爾湖

Valley of the Ten Peaks
十 峰 山 谷

Mount Babel
貝寶山

Wenkchemna Pass
溫克納隘口

Neptuak

Deltaform

Tuzo

Allen

Perren

Tonsa

Bowlen

Little

Fay

Mount Quadra
四方山

露薏絲湖

1882年夏天，山中嚮導湯姆・威爾遜，由一位名叫「尋金人艾德溫」的史東尼印地安人引導，進入一處群山環繞，由6條冰河侵蝕切割所造成的懸掛山谷中，去看他們族人所謂的「小魚湖」。

湯姆・威爾遜簡直不敢置信，世間竟有如此美景！他滿心歡喜地欣賞著這精美絕倫的翠綠湖泊，並為這個山中瑰寶取了最合適的名字——翡翠湖（Emerald Lake）。

可惜，兩年後，「加拿大地理學會」一群擅於拍馬的好事之徒，將此美名取消，重新命名。他們把這份榮耀，給了剛剛卸任的加拿大總督的夫人，同時也是英國維多利亞女王四女的露薏絲・卡洛琳・愛爾伯她公主（Princess Louise Caroline Alberta），將此湖冠以「露薏絲」之名。露薏絲湖正對面，看似伸出雙臂環抱著湖水的那座高山與冰河，當然就以女王維多利亞的名諱稱之。

繼班夫溫泉古堡旅館之後，CPR鐵路公司又於1890年代，在露薏絲湖湖畔石岸上，建築瑞士農舍式的Chalet型旅館。1924年，第2次慘遭祝融肆虐，燒毀大多數的建築物，重建後的露薏絲湖古堡旅館才有今日的規模。

在1915年解除汽車禁行山區的禁令，及1920年波河河谷公園公路尚未完工前，旅客要到露薏絲湖，唯有藉助鐵路運輸。不過，搭火車抵達露薏絲湖地區的拉岡車站，並不能看到露薏絲湖，還要轉乘馬車或徒步6.5公里，穿越晴天時塵土飛揚、遇雨則泥濘不堪的爬坡土路，才能到達露薏絲湖湖畔，十分艱辛。

今日的露薏絲湖地區，已不再是當時湖畔僅有一家古堡旅館的景象。在拉岡火車站附近，已形成一個人口近2000人左右的「露薏絲湖村」社區。旅館、餐廳、市場、加油站及旅遊商店等相關設施，應有盡有，十分方便，提供旅客更多選擇機會。

露慧絲湖與湖岸對面的母親山——維多利亞山。

從大蜂窩山山頂，遠眺露慧絲湖與費爾蒙露慧絲湖古堡旅館。

» 莫連冰河湖（即「夢蓮湖」）

　　由露慧絲湖公路轉接莫連冰河湖公路，南行約12.5公里，可到著名的莫連冰河湖。加拿大舊版的20元紙鈔背面，印有莫連冰河湖風景圖案，由此可知，莫連冰河湖果真是來頭不小。

　　莫連冰河湖是最多高山環繞的湖泊。撇開東北方貝寶山，與西北邊班夫國家公園第3高峰天普山不說，從西南到東南，更有峰峰相連的十個山峰緊密圍繞。置身於「十峰山谷」（The Valley of the Ten Peaks）之中的莫連冰河湖，氣勢真是不同凡響。

十座高峰，一字排開

　　1894年，「耶魯——露薏絲湖俱樂部」的成員三繆爾・艾倫，仿效借用史東尼人的數字念法，將峰峰相連、緊密圍繞著莫連冰河湖的這十座雄偉山峰，以史東尼語的數字命名，以示推崇。然而，日後仍不免又遭人用分封諸侯的方式，以白人姓氏為其中7座山峰改名。

　　今日Wenkchemna Peaks（十峰）的名號，依其原來的順序為：

1. 3235公尺的Fay

2. 3088公尺的Little

3. 3072公尺的Bowlen

4. 3057公尺的Tonsa（史東尼語數字4）

5. 3051公尺的Perren

6. 3310公尺的Allen

7. 3246公尺的Tuzo

8. 3424公尺的最高峰Deltaform

9. 3233公尺的Neptuak（史東尼語數字9）

10.3170公尺的Wenkchemna（史東尼語數字10）

置身於十峰山谷之中的莫連冰河湖。

究竟是夢蓮湖？還是莫連冰河湖？

　　我的旅客，初聞絕大多數華人旅行社採用的中文譯名「夢蓮湖」時，總以為如同露薏絲湖一樣，是選用女性芳名命名，甚至有人認為，此湖根本是沾了性感艷星瑪麗蓮・夢露的光而得名。實際上，「夢蓮」的英文Moraine，根本就不具有任何女性名字的含意，它的原意是「冰河堆積石」。

　　1890年代，「耶魯─露薏絲湖俱樂部」成員之一的美國人華特・威爾考克斯，一看到這個群山環繞的寶藍色湖泊，前端有冰河融解水源注入，尾端終點有大量堆積圓石石牆阻擋，正是冰河侵蝕切割所造成的典型湖泊，因此將之命名為Moraine Lake──冰河堆積石湖。

　　然而，後來根據地質學家的實地研究調查發現，這個120公尺長、20公尺厚、百來公尺高的圓石堆，並非冰河堆積石。它的成分結構，與湖泊東北邊高大的貝寶塔峰相同。原來，這堆巨大石牆，其實是貝寶塔峰山崩造成的結果。

　　由此可知，老美玩家贈予此湖的名字，跟華人旅客一樣，也是牛頭不對馬嘴。華人習慣誤稱的夢蓮湖，雖然不是因冰河侵蝕作用而形成的「冰河堆積石湖」，但仍然是由冰河融解水源所挹注的美麗湖泊。取其「落石崩離、莫能相連」的真實情況，與英語發音的近似程度，我將Moraine Lake稱做「莫連冰河湖」。

» 露薏絲湖登山纜車站

　　露薏絲湖登山纜車站所在的白角山，是北美最受歡迎的冬季滑雪勝地之一。班夫鎮附近的諾奎山與陽光村等地的滑雪場登山纜車站，夏日不對外開放，露薏絲湖登山纜車站則敞開大門全年對外開放。

　　遊客可選搭密閉式車廂型小纜車或開放式登山椅，上山之後，可以遠眺白角山對面的大分水嶺群山，與露薏絲湖、費爾蒙露薏絲湖古堡旅館全景。

　　沿著白角山山頂健行步道，走500公尺，可到野生動物館。在野生動物館館外觀景高臺，能一覽露薏絲湖背後，包括十峰山谷、天普山及維多利亞山等大分水嶺的壯觀雄偉景致。

　　搭乘「白角山登山椅纜車」下山時，除了面向露薏絲湖與大分水嶺的絕佳美景，特別建議旅客：請不要忽視您腳下「高山樅」樹頂結實纍纍的毬果。高山樅直立生長的毬果，只在樹頂才有，平常在地面林中根本無緣相見，此時，乘坐登山椅纜車，由高處往下望，終於能一覽無遺。

在白角山與莫連冰河湖的山坡亂石堆中，會見到一種平地難得一見的動物——北美短耳兔。

黑熊・狗熊？灰熊・棕熊？

　　露薏絲湖登山纜車所在的白角山山區，與莫連冰河湖的十峰山谷地區相同，都是大灰熊的家。

　　實際上，加拿大洛磯山脈有黑熊（左下圖）、灰熊（右下圖）兩種野生熊。

　　黑熊：別以為黑熊一定都是黑色，少數北美黑熊，毛色紅褐，頗似「肉桂」皮色，另稱肉桂褐熊，也有毛色略顯金黃的黑熊。因此判定是否為黑熊，不可只以黑毛論斷。另外，黑熊臉龐瘦削尖細，口部較為突出，乍看頗似狗臉，難怪有些臺灣人一見黑熊，就直喊「狗熊」。

　　灰熊：英文名稱意為「灰」（Grizzly）熊的這種熊，基本上，除了毛髮尖端有時看來確實略顯灰暗，整體而言，少見灰色。灰熊的毛色，反倒以棕褐色為主，有時亦見金黃色或深色毛皮。灰熊實際上是棕熊家族的成員。散居沿海地區，有豐盛鮭魚可以大快朵頤的叫棕熊；分布於內陸地區，缺乏鮭魚，必須動、植物無所不食的稱做灰熊。如此看來，既然灰熊本為棕熊，說灰熊通常為棕褐色，就不足為奇。

　　如何辨識灰熊與黑熊：

　　1.灰熊頭大，黑熊頭小。　　　　　　2.灰熊是圓短耳，黑熊有高長耳。

　　3.灰熊有明顯的肩背肉駝，黑熊則無。　4.灰熊有長爪，黑熊爪較短。

護熊，不防熊

　　我一向主張：人類若是真心愛護動物，就不要餵食牠們含有添加物的人造食品。人類若是真心愛護動物，就一定要與牠們保持互不侵犯的適當安全距離。人類若是真心愛護動物，就請不要傷害牠們！

　　人類在愛護野生動物、保護野生動物的同時，也給予了自己在大自然中一份安全的保障。如此看來，不需要探討如何「防熊」，只須明白應該如何妥善地保護野生熊類！

　　如何「護熊」？很簡單，就是避免與熊的接觸相遇，尤其要避開與熊毫無預警、突如其來的接觸相遇。

　　人類與其他萬物皆為天地間的一分子，只要不影響彼此的生態環境，每一分子都有資格造訪大自然、深入大自然、親近大自然。人類若自認是天地萬物中最有智慧的生物，這避免突如其來的接觸與保護彼此的作為，理應由人類著手實行。

　　我的作法是：

● 遵行國家公園警告牌示上的各項規定，包括：在灰熊棲息覓食地區從事健行活動，「須四人以上結伴同行」；徒步健走時，不要離開健行小徑；確認垃圾、食物一定要密封處理等。

● 在深山野林健行時，發出擊掌、哨音、大聲說話等音響，灰熊在很遠的距離外聽到這些聲音就會自動走避，不致於相遇。

● 在行進間若發現附近樹木有爪印殘痕、類似熊等大型動物的排泄物、各種莓類植物，甚至大型動物死屍，表示熊可能就在附近，應立即離開。

● 不要在荒郊野地攜帶愛犬同行，如果要帶，一定要用狗鍊拴住隨行。否則，鬆綁的狗，一會兒可能會驚慌失措地帶回一隻灰熊。

■ 冰原公園公路班夫國家公園路段

　　全長230公里，南起露薏絲湖村，北至傑士伯鎮的冰原公園公路，是加洛四大國家公園內最長的遊園景觀公路。冰原公園公路與大分水嶺平行，穿越班夫國家公園與傑士伯國家公園。冰原公園公路班夫國家公園路段，北行起點位於與1號公路相通之處，主要旅遊景點如下：

» 赫伯湖野餐區

　　赫伯湖野餐區是一個休憩、觀景、沿湖散步與從事水上活動的好地點，有時會看見西方遊客自攜橡皮艇、小船，在赫伯湖泛舟、垂釣。

　　從停車場穿越立桿松樹林，沿坡下行約25公尺即至湖岸。從赫伯湖畔，回頭南望距離不遠的露薏絲湖方向，可以清楚看見環繞露薏絲湖的群山美景，湖光山色，相得益彰。

冰原公園公路沿途景致豐富多樣，包括：冰原冰河、冰河湖泊、崇山峻嶺、峽谷瀑布、河川谿谷與自然生態。

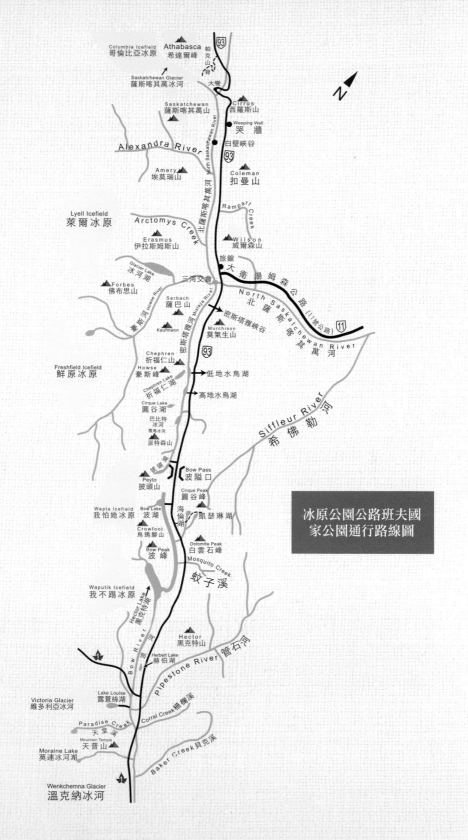

Columbia Icefield 哥倫比亞冰原
Athabasca 希達爾峰
帕克山脊
93

Saskatchewan Glacier 薩斯喀其萬冰河
大彎
Cirrus 西羅斯山
Saskatchewan 薩斯喀其萬山
Weeping Wall 哭牆
白壁峽谷
North Saskatchewan River
Alexandra River
93

Amery 埃莫瑞山
Coleman 扣曼山

北薩斯喀其萬河
Rampart Creek

Lyell Icefield 萊爾冰原
Arctomys Creek
Wilson 威爾森山

Erasmus 伊拉斯姆斯山
旅館

Glacier Lake 冰河湖
三河交會
大衛湯姆森公路
North Saskatchewan River
Forbes 佛布思山
豪斯河 Howse River
北薩斯喀其萬河

Sarbach 薩巴山
密斯塔雅峽谷
11

Kaufmann
Murchison 莫氣生山
密斯塔雅河 Mistaya River

Chephren 祈福仁山
Howse 豪斯峰
低地水鳥湖

Freshfield Icefield 鮮原冰原
Chephren Lake 祈福仁湖
高地水鳥湖

Cirque Lake 圓谷湖
巴比特冰河
Siffleur River 希佛勒河

派特森山 雪鳥河

密頭湖
Bow Pass 波隘口
Peyto 披頭山

冰原公園公路班夫國
家公園通行路線圖

Wapta Icefield 我怕她冰原
Bow Lake 波湖
Cirque Peak 圓谷峰
海倫湖
凱瑟琳湖

Crowfoot 烏鴉腳山
Dolomite Peak 白雲石峰

Bow Peak 波峰
Mosquito Creek 蚊子溪

Waputik Icefield 我不踢冰原
Hector Lake 黑克特湖

Hector 黑克特山
Pipestone River 管石河

Bow River
Herbert Lake 赫伯湖

Lake Louise 露慧絲湖
Corral Creek 柵欄溪

Victoria Glacier 維多利亞冰河
Paradise Creek 天堂溪

Mountain Temple 天普山
Moraine Lake 莫連冰河湖
Baker Creek 貝克溪

Wenkchemna Glacier 溫克納冰河

另類冰河湖泊──冰河谷底冰槽湖

　　赫伯湖是一個小型冰河湖泊。它雖然是冰河湖泊，但卻不是露薏絲湖那樣的冰河堆積石湖，也不像莫連冰河湖那樣由山崩落石而攔水成湖。

　　赫伯湖是由上次冰河時期，壓在山谷底層的一小區域脫離主冰河的積冰，磨損了鬆軟易蝕的淤泥砂礫地層所造成的下陷凹地。當冰河期結束，冰雪消融殆盡，於是積水成湖，形成另類的冰河湖泊──冰河谷底冰槽湖。

　　赫伯湖還有一個與眾不同之處：它不具有終點堆積石岸缺口所造成的湖水外流出口。

烏鴉腳冰河與波湖

» 黑克特湖

　　這是一個路邊觀景地點，可以看見以地質學家詹姆斯・黑克特博士命名的秀麗冰河湖泊、湖岸正面周邊往南延伸的我不踢山脈及93號公路另側海拔3394公尺的黑克特山。

» 烏鴉腳冰河

　　初看烏鴉腳冰河，看不太出來這是形似烏鴉腳三個大腳趾的高山冰河，原本的第三個「腳趾」，早因地球氣候轉暖等因素導致退化而消融殆盡。照此趨勢，若無其他變化，100年後，遑論腳趾，恐怕連整隻烏鴉腳都有可能不會存在。（高山冰河相關文字，參見107、320頁）

» 波湖及野餐區

　　在這個冰原公園公路路邊景點休憩、野餐的同時，還可以欣賞美妙的波湖，與周遭群山美景。

　　沿著冰原公園公路續往北行1.5公里，可抵波湖湖畔的「松貂湖濱旅館」。

松貂湖濱旅館

　　19世紀末，加洛山中的一群嚮導，從露薏絲湖的拉岡火車站出發，目的地是尋找傳聞中波河源頭附近的冰河及湖泊。

　　他們騎馬探勘，沿著波河，發現了波湖……。波湖，日後成為加拿大洛磯山中，傳奇人物吉米‧辛浦森（1877～1972）最鍾愛的寶地。

　　辛浦森是英裔加拿大人，設陷捕獵、伐木建屋、烹調美食，樣樣在行，有山中最佳嚮導美譽。他就算踏上雪鞋在雪地行走，依然健步如飛，連史東尼印地安原住民都欽佩不已，禁不住豎起大姆指，誇讚他為快步狼獾。辛浦森從1898年開始，在波湖湖邊搭帳篷居住了許多年後，終於在1923年，與他的蘇格蘭裔妻子畢莉，共同在湖畔平地興建了NUM-TI-JAH（史東尼印地安語，意為松貂）旅館。

直到今日，NUM-TI-JAH，這個4層樓建築，16間客房的紅頂旅館，仍舊全年開放，繼續營業。

在狹窄的披頭湖觀景點,與眾多的各國旅客,居高臨下,
觀賞亮麗寶藍的披頭湖,及北方密斯塔雅河谷地全景。

» 波隘口／披頭湖觀景路

波隘口是冰原公園公路的最高頂點，海拔2067公尺。波隘口，也是南、北薩斯喀其萬河的分水嶺。薩斯喀其萬（Saskatchewan），克里印地安語，意為「快流河」或「轉彎河」。

到達波隘口，左轉進入披頭湖觀景路，在0.5公里處，先抵達「一般遊客專用停車場」，從此處要健行15分鐘，才能抵達高處的披頭湖觀景點。

從披頭湖觀景路開車繼續爬高至1.1公里處，就是披頭湖觀景路的終點：「殘障人士與旅遊大巴專用停車場」。從此處無須健行，可以立即抵達披頭湖觀景點。

» 披頭湖健行小徑

這個距離波隘口以北2.56公里的路邊停車地點，是前往披頭湖湖濱另外一條途徑的起點。從停車地點最右邊的一塊大褐石開始，穿越1.6公里的密林，可抵披頭湖湖岸。由於樹林密布，結伴多人同行較為安全。

» 披頭冰河

行車來到冰原公園公路北上右側的路邊坡道停車地點，可以看見公路對面，披頭湖源起的披頭冰河。披頭冰河與波冰河，都是源自「我怕她」冰原的出口冰河。「我怕她」（Wapta），史東尼印地安語，意為流水或河川。

» 雪鳥冰河

在此路邊停車地點，可觀賞同側對面派特森山海拔3197公尺的山頭上，形似張開雙翼大鳥的雪鳥冰河。

» 巴比特冰河

在這個長型的路邊停車地點，走30公尺至開闊草地，可觀賞群山與巴比特冰河這個懸掛冰河的美景。巴比特冰河的融解水源，自數百公尺高度傾瀉而下，注入密斯塔雅湖（Mistaya Lake），可惜密林阻隔，無法穿越看湖。Mistaya為史東尼印地安語，意為「灰熊」。

» 高地水鳥湖

　　水鳥湖，因有水鳥棲息而得名，共有兩座，一個在地勢較高處，另一個則在低處。這個路邊停車處所，是高地水鳥湖景點。

　　從高地水鳥湖停車地點，沿平緩下坡路走約250公尺至湖邊，可見湖水對面的豪斯峰（Howse Peak，3290公尺），與其右側的祈福仁山（Mount Chephren，3266公尺），峰峰相連的壯麗景致。

在高地水鳥湖賞景休憩的同時，請留意觀察在湖中覓食，鹿科家族中最大的動物——麋鹿。

低地水鳥湖

» 水鳥湖營地

水鳥湖營地，介於兩個水鳥湖之間，除了提供露營場地，也是一處極佳的休憩、觀景與健行地點。

在此地將車停妥，走不到200公尺，便來到密斯塔雅河即將流入低地水鳥湖之處。河面有橋，過橋可沿健行小徑，前往由高山冰河鑿蝕成的兩個圓谷冰河湖泊——圓谷湖與祈福仁湖。

» 低地水鳥湖

在這個路邊停車地點，能夠觀賞低地水鳥湖的景致，也可見湖水對面豪斯峰與形似金字塔的祈福仁山。

» 密斯塔雅峽谷

　　從路邊停車地點慢慢順勢下行，不到400公尺，就能見到這個被密斯塔雅河侵蝕切割石灰岩層岩床，所造成的深邃險峻峽谷。如同加拿大洛磯山中的其他峽谷，「水」在侵蝕的過程中，扮演著最重要的角色。當然，藉助被切割下來的岩石之助，水流能帶動大小不等的石塊，如同洗衣機攪拌棒般，在岩壁間打轉，形成另類特殊侵蝕的結果——圓盆凹洞（Pothole）（右下圖）。

» 3河交會的河口旅館休閒區

河口休閒度假旅館位於北薩斯喀其萬河、密斯塔雅河與豪斯河3河交會處北邊2公里，設施完善，提供住宿、運動、餐飲、禮品、雜貨、加油等，多種行旅所需的服務項目。對於非過夜留宿的旅客，此地依舊是一處極佳的中途休憩、餐飲，甚至觀景的場所。

在旅館、餐廳、禮品店同側，左有3261公尺高的威爾森山，右有3333公尺高的莫氣生山。由於旅館休閒區標高僅為1400公尺左右，相形之下，莫氣生與威爾森這兩座緊鄰旅館拔地而起，較旅館區高出近兩千公尺的大山，更顯得仰之彌高，令人讚嘆！

特別提醒您，來到此地，不要一個勁兒往屋內的餐廳與禮品店裡鑽，只知吃喝拉撒、選禮購物，反倒遺忘了戶外周遭巍峨崇偉的自然景觀。

» 扣曼山

在這個路邊停車景點，除了看見冰原公園公路另側，海拔3135公尺的扣曼山，更會發現北薩斯喀其萬河，在此地段有許多形同「髮辮」的分叉支流。

辮子河

　　北薩斯喀其萬河從它的冰河融解前緣流出，挾帶了大量礫石、淤泥，沒走多遠，便出了山區，來至寬闊低平的谷地。流速減緩，泥、石就開始淤積，造成單一河床出現許多沉積分支水道。這些分支水道又因沉積物的增加與水流的沖激，時而在寬廣谷地移動位置、改變路線。這種交錯開叉的分支水道，形同髮辮，又稱「辮子河」，是「冰河灌注河」（冰河融水河）的典型表徵。

» 北薩斯喀其萬河及白壁峽谷

　　這是一個由高處觀看北薩斯喀其萬河的景點。如果只是在停車場張望，根本看不見河流，因為全被斜坡與立桿松林遮擋。只要徒步穿越開滿野花的斜坡松林，走約100公尺，不但能夠居高臨下看見河流，甚至還能得見小瀑布與白壁峽谷，景觀極佳。

哭牆

» 西羅斯山

　　此處由於高度與角度的關係，只見山壁。抬頭仰望，山壁拔地而起，矗立超過600公尺。這片壯觀的石灰岩壁，只不過是北方西羅斯山的基部而已。

» 哭牆（Weeping Wall）

　　在冰原公園公路這個路段的谷底仰望，仍然可以看見海拔3270公尺的西羅斯山綿延不斷的巨大石灰岩壁。同時可見從山頂溢出的涓細水流，沿著高聳直立的陡峭山壁不絕而下，將灰壁渲染成較深色系，有如一面「哭泣牆壁」。

　　「哭牆」牆面的涓細水流，冬天水柱結冰，又是另一番景象。

» 北薩斯喀其萬峽谷

此地是一處居高臨下，能夠仔細觀賞北薩斯喀其萬河的彎曲河道、深邃峽谷與周遭群山的絕佳景點。

» 大彎道路

在山谷谷底「大彎道路」旁的停車地點，可見冰原公園公路在此連續險升、險降的長坡，開始了「來回彎曲」的道路設計，以減少過陡坡度，確保行車安全。

面對上坡路段，往左看，可見北薩斯喀其萬河，跌跌撞撞地從狹窄峽谷中穿流而出的模樣。此時此地的北薩斯喀其萬河，猶未看出大河的風範氣勢，僅為涓涓細流。

» 北薩斯喀其萬河河谷

此一景點位於「大彎道路」的頂點，冰原公園公路北行右轉至此，極為順路。然而，南行方向者，不但必須左轉停車，又要面臨緊接而至的連續下坡，危險難行。因此，這處景點實在不宜南行的旅客。

連續長坡到此景點，回顧高處與谷底的極大垂直落差，不得不感嘆當初興建「大彎」的艱辛。

在此景點，除了可以看見北薩斯喀其萬河山谷谷底左側的西羅斯山全景，還可以看見公路前方，對面山壁的新娘面紗瀑布。

» 希爾達溪

在此路邊景點，除了可以看見希爾達溪，還可以看見公路另側前方，阿薩巴斯卡山正面深陷的碗狀圓谷，與圓谷之上被高山冰河從四面挖鑿而形成尖塔角狀的希爾達峰。

希爾達尖塔角峰

傑士伯國家公園・深度旅遊路線

傑士伯國家公園，是加洛4大國家公園當中面積最大者，占地廣達10878平方公里。

通行傑士伯國家公園的遊園路線有三條：

1. 冰原公園公路傑士伯國家公園路段。

2. 93號替換公路（93A公路）。

3. 傑士伯鎮及傑士伯鎮近郊路線。

■ 冰原公園公路傑士伯國家公園路段

冰原公園公路傑士伯國家公園路段，北行起點為三瓦塔隘口。主要旅遊景點如下：

» 三瓦塔隘口

三瓦塔隘口，是冰原公園公路次高點，海拔2030公尺，與位居冰原公園公路最高點的波隘口相同，一樣扮演著分水嶺的角色。三瓦塔隘口同時也是班夫國家公園與傑士伯國家公園的分界點，在此交界處，有極佳的冰河景觀。

三瓦塔（Sunwapta），史東尼印地安語，意為「洶湧河」。

» 哥倫比亞冰原冰河發現中心
（Columbia Icefield Glacier Discovery Center）

沿著冰原公園公路北行，一路上已經觀賞過不少冰河，從不同的冰原（諸如我不踢冰原、我怕她冰原、萊爾冰原……等）冒出。這些冰原，是群山背脊之間，水平累積的厚實冰河群體。當這些在冰原累積的冰河群，超越山頭，厚達數百甚至上千公尺的冰河，於是沿著山坡順勢滑動而下，有如河川。

（文接107頁）

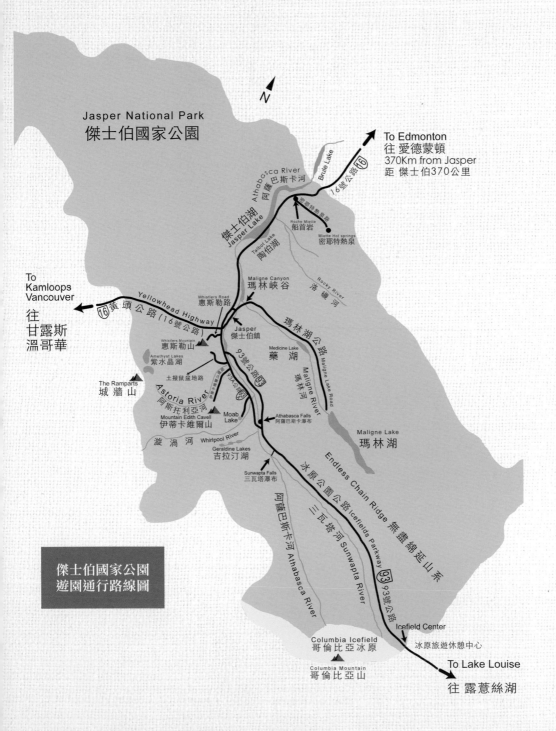

Jasper National Park
傑士伯國家公園

To Edmonton
往 愛德蒙頓
370Km from Jasper
距 傑士伯370公里

Brule Lake

16號公路16

Athabasca River
阿薩巴斯卡河

傑士伯湖
Jasper Lake

Roche Miette
船首岩

密爾特特熱泉

Miette Hot springs
密耶特熱泉

Talbot Lake
陶伯湖

Rocky River
洛磯河

Maligne Canyon
瑪林峽谷

To
Kamloops
Vancouver
往
甘露斯
溫哥華

Yellowhead Highway
16 黃頭公路（16號公路）

Whistlers Road
惠斯勒路

Jasper
傑士伯鎮

瑪林湖公路

Maligne Lake Road

Whistlers Mountain
惠斯勒山

Medicine Lake
藥 湖

Amethyst Lakes
紫水晶湖

土撥鼠盆地路

93號公路93

Maligne River
瑪林河

The Ramparts
城牆山

Astoria River
阿斯托利亞河

Mountain Edith Cavell
伊蒂卡維爾山

Moab
Lake

Athabasca Falls
阿薩巴斯卡瀑布

Maligne Lake
瑪林湖

Whirlpool River
漩渦河

Geraldine Lakes
吉拉汀湖

Sunwapta Falls
三瓦塔瀑布

冰原公園公路 Icefields Parkway

三瓦塔河 Sunwapta River

Endless Chain Ridge 無盡綿延山系

阿薩巴斯卡河 Athabasca River

93號公路93

傑士伯國家公園
遊園通行路線圖

Icefield Center
冰原旅遊休憩中心

Columbia Icefield
哥倫比亞冰原

Columbia Mountain
哥倫比亞山

To Lake Louise
往 露慧絲湖

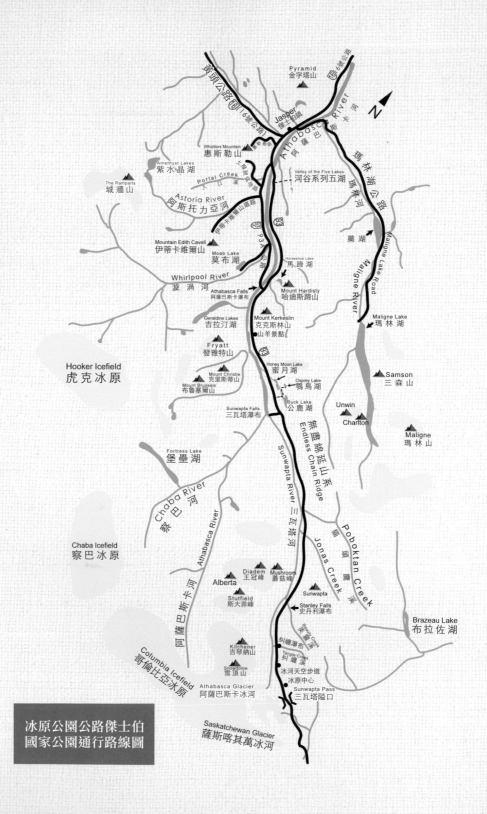

冰原公園公路傑士伯
國家公園通行路線圖

哥倫比亞冰原冰河發現中心，也稱為「冰原旅遊休憩中心」，簡稱「冰原中心」。

冰晶量少的冰河，僅在山巔至山腰處盤據，是為高山冰河（Alpine Glacier）。

高山冰河，拔山鑿壁，能造成山坡「圓谷」（Cirque，或稱圈谷）。冰河消融退卻後，留下來的這些圓谷，好像懸掛在山頭高壁之上，所以也稱做「懸掛山谷」。這些造成「懸掛山谷」的高山冰河，因而又被稱為「懸掛山谷冰河」，簡稱「懸掛冰河」。從外型看，「懸掛冰河」真的很像懸掛在山頭的鮮奶油蛋糕上的奶油塗層，好似從山頭冒出。前述從不同冰原冒出的不少冰河，由此可知，都是這些規模較小的懸掛冰河／高山冰河。

到達「哥倫比亞冰原冰河發現中心」後，整個地區的景觀有了非常不一樣的改變。覆蓋面積廣達325平方公里的哥倫比亞冰原，是加拿大洛磯山脈的最大冰體。積冰量既大，就能產生從山頭一直移動至山腳谷底的「山谷流出型冰河」（Outlet Valley Glacier），又稱「山谷冰河」（Valley Glacier）。山谷流出型冰河的規模之大，實非懸掛式高山冰河所能比擬。在抵達本景點之前，我經由「帕克山脊健行小徑」徒步登頂，在帕克山脊的巔峰，已經親眼目睹過薩斯喀其萬冰河（山谷冰河）。而在此處，同樣發源自哥倫比亞冰原的另一座山谷冰河——阿薩巴斯卡冰河，不但不需要辛苦攀爬才能抵達，開車走93號公路即可輕鬆至此，更有百年老店布魯斯特公司經營多年的冰原巨輪雪車，載客駛入冰河，提供「踏上冰河」的新奇賞冰活動。夏天，是旅客搭乘巨輪雪車登上冰原，足履冰河的唯一季節。每逢此時，雪車總站，人潮洶湧。旅客須先乘坐布魯斯特公司的55人座穿梭巴士，花5、6分鐘時間，橫越冰原公園公路，前往對面山坡上的冰河車站，換乘輪胎直徑有5英尺那麼高的巨大雪車，登上阿薩巴斯卡冰河。

冰河天空步道

　　加洛山中歷史悠久的布魯斯特旅遊公司於2014年5月1日全新推出一項令世人矚目的旅遊設施、活動——冰河天空步道（Glacier Skywalk）。

　　冰河天空步道位於「哥倫比亞冰原冰河發現中心」以北6.5公里處，由班夫開車2.5小時、傑士伯開車1小時可抵此處，由冰原中心至此則僅需約10分鐘車程。

　　在93號公路北行左側／南行右側，面向三瓦塔河谷的懸崖山壁，布魯斯特公司興建了一座由山崖向天際延伸出去30公尺的透明玻璃步道。遊客可沿此透明玻璃天空步道觀賞由哥倫比亞冰原冒出的「雪頂冰河」、海拔3493公尺的阿薩巴斯卡山、3505公尺的吉琴納山，關注遼闊冷酷冰雪世界的自然生態，並屏息注視腳底透明玻璃下直落280公尺／918英呎深處，三瓦塔河切穿峽谷奔流而下的壯觀景致。全球首創、透明玻璃冰河天空步道的全新登場，無疑為這家百年老店再創新猷！

● 冰河天空步道景點沿93號公路山壁而建，此段路面缺乏足夠空間設立停車場，自行開車的遊客須將車輛停在冰原中心的寬大停車場，再轉搭免費接駁巴士往返。

» 走冰（Ice Walk）

搭乘巨輪雪車前進冰河，向來是遊覽加洛山區的最大特色之一，今年更有全新推出「透明玻璃冰河天空步道」的賞冰活動。

除了這些新奇獨特的冰河之旅，另外還有較為艱辛的全程徒步走冰活動。「走冰」需預約付費，有專業嚮導陪同，每日上午十點在阿薩巴斯卡冰河終點前緣處出發，在冰河上步行時間為三小時，每週四與星期天走冰行程較長，往返總計五小時。

特別提醒，走冰一定要由資深專業嚮導帶隊陪同，千萬不要冒險自行登上冰河，阿薩巴斯卡冰河上有許多冰河罅隙既深又險，切勿輕易拿自身生命安全開玩笑！

» 糾纏瀑布

在這個路邊停車景點，可以看見「糾纏溪」從懸崖頂點，觸壁逐級、層層流下的「糾纏瀑布」景觀。此處既多懸崖峭壁，提醒您多加留意，應有機會看見「大彎角羊」的出現。

» 美麗溪健行小徑

從這個冰原公園公路路邊狹小的停車地點，順著步道，走7、800公尺，就能來到「美麗溪」。左轉溯溪而上，沿途可見多處溪澗小瀑，終點有最可觀的史丹利瀑布。

» 三瓦塔瀑布道路叉口

　　遊客在「哥倫比亞冰原冰河發現中心」搭乘雪車所踏上的阿薩巴斯卡冰河，在其終端的融解小湖，並非名為「阿薩巴斯卡湖」，而是稱做「三瓦塔湖」。三瓦塔湖北行流出，成了三瓦塔河。

　　三瓦塔河流經峽谷、群山，蜿蜒48公里，在此一地區侵蝕切割出了更大的斷崖、峽谷，形成頗具規模的三瓦塔瀑布。

　　前人雖然將阿薩巴斯卡冰河正面水流的名稱，讓給了「三瓦塔」，但並沒忘記將另一條從哥倫比亞冰原後山流出的河流命名為「阿薩巴斯卡河」。

　　從後山悄然而行的阿薩巴斯卡河，北流至三瓦塔瀑布，開始吸納接收三瓦塔河所有的資源，一過三瓦塔瀑布，便再也不見三瓦塔河，成了阿薩巴斯卡河獨領風騷的現象。

　　開車經由冰原公園公路，北行至三瓦塔瀑布道路交叉路口，須轉入此路，再開0.7公里，就可抵達三瓦塔瀑布停車場。從停車場穿過立桿松林，僅約30公尺，即見峽谷與瀑布。峽谷兩側，皆可觀賞斷落兩層的三瓦塔瀑布。另外，有一條單向全長兩公里的健行小徑，可至低瀑區。

不論是否適逢蜜月佳期，遊人至此，此情此景，不禁令人為之神往。

» 公鹿湖小徑

從93號公路路邊停車場穿越樅樹林，走約160公尺，可以看見公鹿湖與鵋鳥湖的告示牌。再走100公尺，即可抵達此一位居山谷中的長型湖——公鹿湖。站立公鹿湖畔，可見右邊（東方）的「無盡綿延」山系等群山。

由公鹿湖與鵋鳥湖牌示，左行1.2公里，可至鵋鳥湖。

» 蜜月湖營地

這裡雖是露營營地，但是備有一般遊客的停車位，湖邊且有野餐臺。在此長湖，觀賞四周群山，尤其是右側湖水，看似將至盡頭，卻又與東方那座名為「無盡綿延」的加拿大洛磯最長山系緊密相連。如此美景，此等意涵，難怪此湖名為「蜜月湖」。

» 克里斯蒂山與阿薩巴斯卡河

　　阿薩巴斯卡河在此處，呈大幅度彎曲的馬蹄形狀。阿薩巴斯卡河河谷對面，雄據地平線的突起尖角狀塔峰，就是海拔3102公尺的克里斯蒂山。

» 克里斯蒂山野餐區

　　從停車場走過寬廣平地即到河岸邊，河岸3公尺之下，就是阿薩巴斯卡河。阿薩巴斯卡河正面有克里斯蒂山、海拔3160公尺的布魯塞爾山，及其右側（北方）海拔3360公尺的發雅特山等雄偉山峰。

» 山羊景點與野餐區

　　此一景點附近，因為露出地表的泥土中含有礦物質，使得需要這些礦物質的動物，特別是高山山羊，冒險從對面克克斯林山陡峭的高坡走下，至此舔食。

» 阿薩巴斯卡瀑布與93A公路叉口

　　阿薩巴斯卡河流至這片石英砂岩地區，以雷霆萬鈞之勢，在狹窄峽谷間沖瀉奔流而下，形成了雄偉壯觀的瀑布。

◀ 遊人至此，有機會近距離親眼目睹野生高山山羊。

▼ 阿薩巴斯卡瀑布

除了欣賞瀑布，還可以穿越峽谷，走到阿薩巴斯卡河岸邊，回顧河水流穿峽谷的美妙景致。觀瀑之餘，再細看東方（公路對面）海拔2955公尺的克克斯林山，紅山白水，相得益彰。阿薩巴斯卡瀑布景點，位於冰原公園公路與全長24公里的93A公路的交叉路口，引領遊客前往加洛山中另一條絕佳的景觀道路。

» 馬蹄湖小徑

　　從冰原公園公路路邊停車場，穿越立桿松林與樅樹林，沿著莓類與灌木叢生的下坡小徑，行約百來公尺，就能看見一個原以為毫不起眼的小湖。然而，沿著湖岸續走至0.3公里處，頓時豁然開朗，湖面大增，並見峽谷。

馬蹄湖落差頗大的懸崖崖岸，吸引不少年
輕泳客，至此從事跳水活動。

湖面呈馬蹄形、位居哈迪斯
蹄山懸崖落石旁的馬蹄湖，
同時位於克克斯林山北方，
景色優美，令人驚艷。

» 93A公路叉口

93A公路與冰原公園公路交會的叉口，有南、北兩處。南邊的叉口，在冰原公園公路與阿薩巴斯卡瀑布的交口處。北邊的叉口則在此地，距離冰原公園公路北行終點——傑士伯小鎮還有7.5公里。

» 惠斯勒路叉口

從冰原公園公路的這個交義路口，轉接惠斯勒路，走4公里，可以抵達惠斯勒山山腳。惠斯勒山，有加拿大洛磯山中另一個登山纜車搭乘地點——傑士伯纜車站。與其他地區（班夫硫磺山、露薏絲湖白角山）4人座小纜車或登山椅不同，傑士伯纜車站使用的是可以容納30人的大型纜車，7分鐘就可以抵達海拔2263公尺的山頂纜車站。

» 黃頭公路叉口

從冰原公園公路的這個交叉路口，可以轉接黃頭公路（16號公路）。黃頭公路是從傑士伯鎮，東行至愛爾伯她省省府所在地愛德蒙頓，西行至大分水嶺黃頭隘口的這段公路。

19世紀初期，有一群歐洲白人，通過了傑士伯西邊大分水嶺一個海拔僅1066公尺的低矮隘口。這些人當中，有一位滿頭金髮的白人與印地安人混血兒，人們將此隘口，以這個混血兒的暱名「黃頭」加以命名，故稱黃頭隘口。這段公路，就因為黃頭隘口的名稱而叫做黃頭公路。

» 傑士伯小鎮

傑士伯鎮，是冰原公園公路的北行終點，南行起點。

■ 93號替換公路（93A公路）

　　93A公路的北行起點，位於93號公路與阿薩巴斯卡瀑布交叉路口處。93A公路沿線的主要旅遊景點如下：

》過濾湖野餐區

　　過濾湖是在加拿大洛磯山中谷底地區，常見的冰河谷底冰槽湖。（相關文字請見86頁）這個冰河谷底冰槽湖，不僅位居一個谷底而已，它甚至位居阿薩巴斯卡河谷與漩渦河谷，兩個河谷谷底交會之處。正因如此，遊客從停車場走下木製階梯，抵達湖岸，更能體會過濾湖遠山近水的獨特美景。

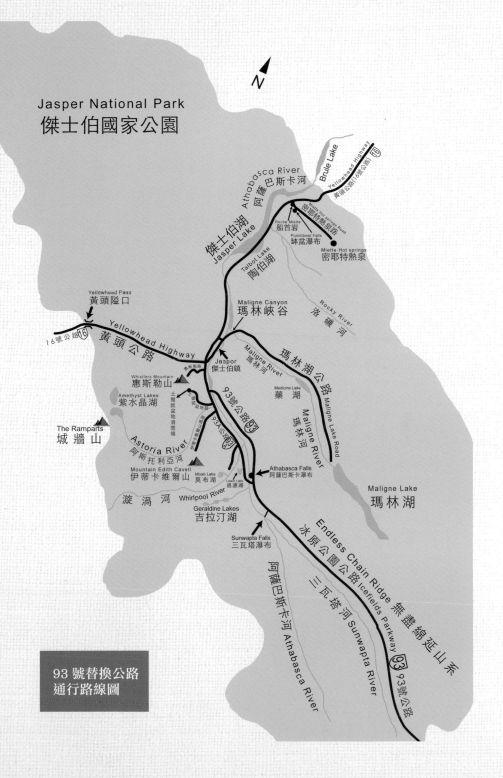

Jasper National Park
傑士伯國家公園

Athabasca River
阿薩巴斯卡河

Brule Lake

Yellowhead Highway 黃頭公路(16號公路)
16

傑士伯湖
Jasper Lake

Miette hot springs Road
密耶特熱泉路

Roche Miette
船苦岩

Punchbowl Falls
缽盆瀑布

Miette Hot springs
密耶特熱泉

Talbot Lake
陶伯湖

Yellowhead Pass
黃頭隘口

Maligne Canyon
瑪林峽谷

Rocky River
洛磯河

16號公路 16
Yellowhead Highway
黃頭公路

Maligne River
瑪林河

瑪林湖公路

Jaspor
傑士伯鎮

Whistlers Mountain
惠斯勒山

土撥鼠盆地滑雪場

Medicine Lake
藥湖

Maligne Lake Road

Amethyst Lakes
紫水晶湖

93號公路 93

Maligne River
瑪林河

The Ramparts
城牆山

Astoria River
阿斯托利亞河

93A公路 93A

Mountain Edith Cavell
伊蒂卡維爾山

Moab Lake
莫布湖

Leach Lake
過濾湖

Athabasca Falls
阿薩巴斯卡瀑布

Maligne Lake
瑪林湖

漩渦河
Whirlpool River

Geraldine Lakes
吉拉汀湖

Sunwapta Falls
三瓦塔瀑布

Endless Chain Ridge 無盡綿延山系

冰原公園公路 Icefields Parkway

三瓦塔河 Sunwapta River

93號公路 93

阿薩巴斯卡河
Athabasca River

93 號替換公路
通行路線圖

93號替換公路

　　93號替換公路，意指在傑士伯鎮與阿薩巴斯卡瀑布之間，旅客除了93號公路之外，另一條可供選擇替換行駛的公路。

　　除了93號有替換公路，1號同樣也有替換公路。這4條加洛國家公園內的主要景觀公路，彼此關聯頗為近似：

1. 都是平行公路，中間且以主要河川相隔。1號與1A之間有波河，93號與93A之間則是阿薩巴斯卡河。

2. 雖是名為替換的短距離道路，實際上卻都是先鋪設完成的原始公路。51公里長的1A公路，完工40多年後，才有1號公路。全長24公里的93A公路，也是在93號公路竣工前的舊有公路。

3. 兩條替換公路與兩條新建公路，相形之下，替換公路都能彰顯其重要景觀公路的功能。1號公路是主要交通動脈，並且與波河河谷各景點相距較遠。93號公路與93A舊有道路相較已截彎取直，而且距離伊蒂卡維爾山之類的主要景點也比較遠。

　　如此看來，既直且快，所在位置稍遠的兩條新路幹線，在同一路段，沿途景觀確實難與替換公路相比。

　　然而，兩條替換公路，彼此之間還是稍有不同之處。

　　1A公路是波河河谷地區的重要景觀道路，因此被正式命名為「波河河谷公園公路」。

　　93A公路，除了阿薩巴斯卡河，另外還有漩渦河、阿斯托力亞河等河川河谷的景致，因此，有關當局對此一公路，並無其他命名，僅以番號93A稱之。

» 阿薩巴斯卡毛皮交易路徑展示點

在這靠近阿薩巴斯卡河與漩渦河兩河交會處的路邊野餐及史蹟告示區域，可以從觀察中，瞭解19世紀初期毛皮貿易西進隊伍，從阿薩巴斯卡河轉接漩渦河，再溯河48公里，越過大分水嶺上的阿薩巴斯卡隘口情景。

在河岸仔細觀察兩條河川，您會發現，較大的阿薩巴斯卡河，流速頗快。

» 伊蒂卡維爾山道路叉口

從93A公路與伊蒂卡維爾山道路叉口轉入，可以到達以高度、氣勢、懸掛冰河、冰河湖泊與高山草原聞名於世的伊蒂卡維爾山。

行駛在來往車輛頻繁、彎曲狹窄，單向全長14公里的伊蒂卡維爾山道路，須小心慢行，注意安全。

當車行至伊蒂卡維爾山道路3.8公里的地段，有一處路邊停車景點，在此可隱約瞧見令人觸目驚心，由阿斯托力亞河切割侵蝕而成的深邃險峻峽谷。

在抵達伊蒂卡維爾山山腳前1.8公里處，有一條「同肯小徑」健行路線。遊客可從同肯小徑，下行約300公尺，前往卡維爾湖。卡維爾湖，是由伊蒂卡維爾山山頭的懸掛冰河——天使冰河（Angel Glacier）的終端融解水源，灌注谷底而成的冰河湖泊。

站在藍綠色的卡維爾湖畔，面對面直接欣賞白雪與冰河覆頂的伊蒂卡維爾山全景及湖中倒影。名山麗水，湖光山色，美不勝收。

如果還想從不同的距離、角度、方位與高度，觀賞這座雄偉大山，須由伊蒂卡維爾山道路終點停車場前的兩條健行小徑出發。

可以先前往卡維爾草原高地，正面觀賞天使冰河，再走到天使冰河下
端的融解湖卡維爾池湖畔，近距離地親近天使冰河。

至高無上的伊蒂卡維爾山

第一次大戰期間，比利時首都布魯塞爾淪陷德軍手中，當地一所護士學校的負責人，英國護士伊蒂卡維爾女士，卻不願擅離職守。她盡心照料了敵友雙方的傷兵，並且還冒險大膽地協助超過200名以上的盟軍，成功逃離德軍占領區。伊蒂卡維爾女士後來被德軍以間諜罪名逮捕，並於1915年10月12日遭德軍行刑隊槍決。

加拿大地理學會，非常欽佩伊蒂‧露薏莎‧卡維爾女士為了救助他人而犧牲自己性命的英勇仁義壯舉，審核決議：將一座位於傑士伯國家公園阿薩巴斯卡河河谷地區，在19世紀毛皮交易時期被拓荒者與探險家稱做「巍峨橫阻大山」的雄偉高山，於1916年3月7日正式更名為伊蒂卡維爾山，以示對這位殉難白衣天使，至高無上的推崇與永恆無限的追思！

» 同肯河谷

從同肯小徑，西行14公里，可到阿斯托力亞河發源處。西行至20公里處，則可抵達同肯河谷。在同肯河谷，可以欣賞加拿大洛磯山中號稱彎生雙珠，湖岸背後有城牆山直立險峻山壁襯托的紫水晶湖（Amethyst Lakes）。

» 土撥鼠盆地路叉口

從93A公路與土撥鼠盆地路叉口，轉入土撥鼠盆地路。由此西行不到11公里，可以抵達傑士伯國家公園的冬日滑雪勝地——土撥鼠盆地滑雪場。

土撥鼠盆地滑雪場纜車登山椅，在夏天不開放，想要上山攬勝的遊客，須從滑雪坡道健行登上土撥鼠山，才能得見阿薩巴斯卡河河谷美景。

另外，由土撥鼠盆地路往西行，開車6.5公里會到「入口溪」，從入口溪邊的停車場，沿著入口溪小徑，走21公里，也可以抵達加拿大洛磯山中有孿生雙珠美譽的紫水晶湖。

從土撥鼠盆地路叉口，北行到93A公路與93號公路叉口，只不過2.4公里的距離。到了這裡，就是93A公路的北行終點，南行起點。

■ 傑士伯鎮及傑士伯鎮近郊路線

在傑士伯小鎮，常有機會在市街上看到北美大角鹿。但在觀賞之餘，萬勿隨意接近，不可輕易忽略野生動物的本性，而罔顧人類與動物彼此間互不侵犯的適當安全距離！

旅遊
小錦囊

頭角崢嶸

鹿科動物與牛、羊相同，也是一種反芻動物。但與牛、羊不同的是，除了北美馴鹿（Reindeer／Caribou），無論公、母皆會長角外，其他鹿種，只有成年的公鹿，頭上才會生出每年脫落再生的分叉長角。正因有此差異，逐年增生、角質中空、不另分叉的牛、羊角，英文稱作Horn。而每年新生，由柔嫩的鹿茸（Velvet），轉變為骨質硬化、分叉長角的鹿角，英文名稱則是Antler。

傑士伯鎮

1911年，當主幹太平洋鐵路，在傑士伯鋪設由阿薩巴斯卡河河谷至大分水嶺黃頭隘口路段鐵路時，傑士伯，這座山城就此萌芽開展。可別因此以為傑士伯鎮的歷史不長，實際上，它比加拿大洛磯山中的任何社區歷史都要悠久。

其實早在鐵路鋪設的前100年，加拿大毛皮貿易時期著名的開拓先鋒大衛‧湯姆森，就已經在今日傑士伯城東的「舊堡點」設立運補站。這個由大衛‧湯姆森屬下威廉‧亨瑞負責的運補駐所，名叫「亨瑞山房」。

除了亨瑞山房之外，另外還有一個於1813年設立的駐所——傑士伯山房，專門提供運補物品，由傑士伯‧豪斯負責。今日，整個傑士伯國家公園及傑士伯小鎮，都是以傑士伯‧豪斯這個人的名字命名。

1850年以後，毛皮貿易日趨沒落，這個由毛皮交易開發的地方，也就此沉寂。1907年，加拿大政府成立了傑士伯國家公園，4年後主幹太平洋鐵路完工，傑士伯鎮設立，傑士伯於是同班夫一樣，成為加拿大洛磯山中，以鐵路開發而興起的旅遊重鎮。

今日的傑士伯，除了現代化的公路系統，其他方面與剛設鎮時並無太大差異。這全得力於加拿大國家公園當局有心維護，不致於過度開發，遊人過客才能依舊在傑士伯這繁榮便利的山城，同時得享寧靜安逸。

前往傑士伯鎮及其近郊重要旅遊景點的路線有6條。

通往美綠湖的路線
Lac Beauvert

從傑士伯小鎮的鎮中心到美綠湖，單向全長7公里。在美綠湖畔，有世界級優美景致的高爾夫球場，及聞名於世的費爾蒙傑士伯公園旅館。

在美綠湖景區，除了可以在湖中練習潛水、泛舟划艇、踩腳踏船之外，還可以利用美綠湖湖濱健行小徑徜徉漫步、騎單車或騎馬，享受沿岸的美麗風光。

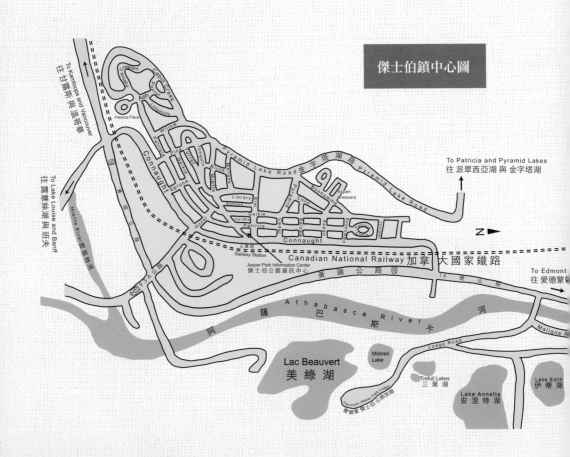

傑士伯鎮中心圖

2 通往伊蒂湖與安涅特湖的路線
Lake Edith & Lake Annette

從傑士伯小鎮的鎮中心，到伊蒂湖與安涅特湖，單向全長6公里。伊蒂湖與安涅特湖這兩個美麗的湖泊，湖邊皆備有寬廣周全的野餐設施。美麗的沙灘，外加難得溫暖的湖水，許多遊客喜歡至此游泳與進行日光浴。

安涅特湖濱健行小徑，特別設有輪椅步道。伊蒂湖則另有穿越針葉林的單車路徑，提供不同需求的人士使用，方便貼心。

3 通往派翠西亞湖與金字塔湖的路線
Patricia Lake & Pyramid Lake

從傑士伯小鎮的鎮中心，到派翠西亞湖與金字塔湖，單向全長8公里。

派翠西亞湖與金字塔湖，是兩個非常受歡迎的釣魚、野餐、騎馬、划船、獨木舟、風帆船，及在湖濱散步健行的晶瑩亮麗湖泊，是適合闔府同樂的最佳旅遊地點。

4 通往惠斯勒山的路線
Whistlers Mountain

從傑士伯小鎮的鎮中心，到惠斯勒山，單向全長8公里。因山上石堆中的土撥鼠（Hoary Marmot，又被叫做Whistler吹哨者），會發出尖銳類似哨音的聲響而得名。

惠斯勒山的「吹哨者」土撥鼠。

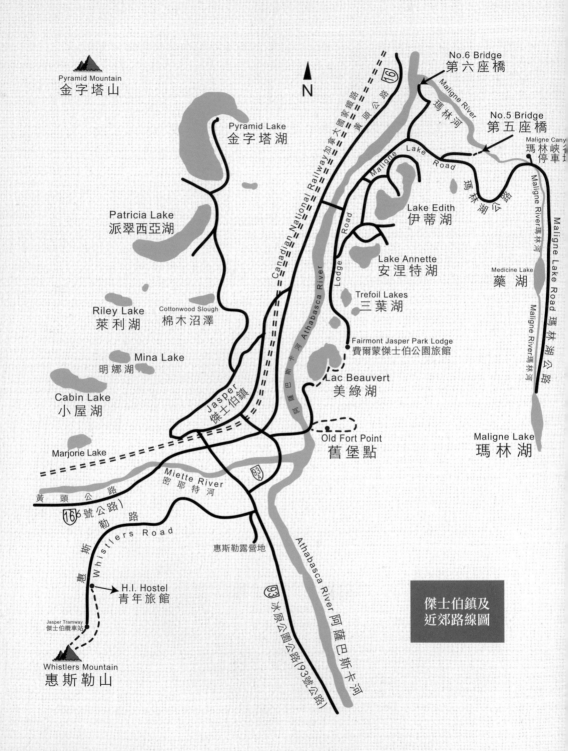

Pyramid Mountain
金字塔山

Pyramid Lake
金字塔湖

No.6 Bridge
第六座橋

No.5 Bridge
第五座橋

Maligne River
瑪林河

Maligne Canyon
瑪林峽谷停車場

Canadian National Railway 加拿大國家鐵路
黃頭公路

Patricia Lake
派翠西亞湖

Maligne Lake Road
瑪林湖公路

Lake Edith
伊蒂湖

Maligne River 瑪林河

Lake Annette
安涅特湖

Medicine Lake
藥湖

Riley Lake
萊利湖

Cottonwood Slough
棉木沼澤

Lodge Road

Trefoil Lakes
三葉湖

Maligne Lake Road 瑪林湖公路

Mina Lake
明娜湖

Fairmont Jasper Park Lodge
費爾蒙傑士伯公園旅館

Cabin Lake
小屋湖

Jasper
傑士伯鎮

Athabasca River 阿薩巴斯卡河

Lac Beauvert
美綠湖

Marjorie Lake

Old Fort Point
舊堡點

Maligne Lake
瑪林湖

Miette River
瑪耶特河

黃頭公路

16號公路

Whistlers Road
惠斯勒路

惠斯勒露營地

Athabasca River 阿薩巴斯卡河

93 冰原公園公路(93號公路)

H.I. Hostel
青年旅館

Jasper Tramway
傑士伯纜車站

Whistlers Mountain
惠斯勒山

傑士伯鎮及
近郊路線圖

由惠斯勒山山腳的纜車站，搭乘可容納30人的大型纜車登頂攬勝，可以看見山腳下的傑士伯鎮、阿薩巴斯卡河、東南方藍綠色的河谷系列5湖、正對面金字塔山，天氣晴朗時，甚至更可見左手邊（西方）海拔3954公尺的加拿大洛磯山脈第一高峰羅勃森山。

若再從山頂纜車站健行小徑，走30分鐘距離不算太長的陡峭山路，可以抵達海拔2469公尺的惠斯勒山頂峰。

5 瑪林湖公路
Maligne Lake Road

瑪林湖公路，單向全長44公里，是通往加拿大洛磯山脈另一處美麗絕倫的冰河湖泊——瑪林湖的唯一道路。瑪林湖公路主要旅遊景點如下：

瑪林峽谷

瑪林峽谷是與姜斯頓峽谷齊名的另一處石灰岩峽谷，最深處達51公尺。遊客可沿著由瑪林河侵蝕切割而成的峽谷健行路徑，從第6橋出發，逆流而上，走過5座橋，再度體會水的侵蝕威力。

瑪林峽谷

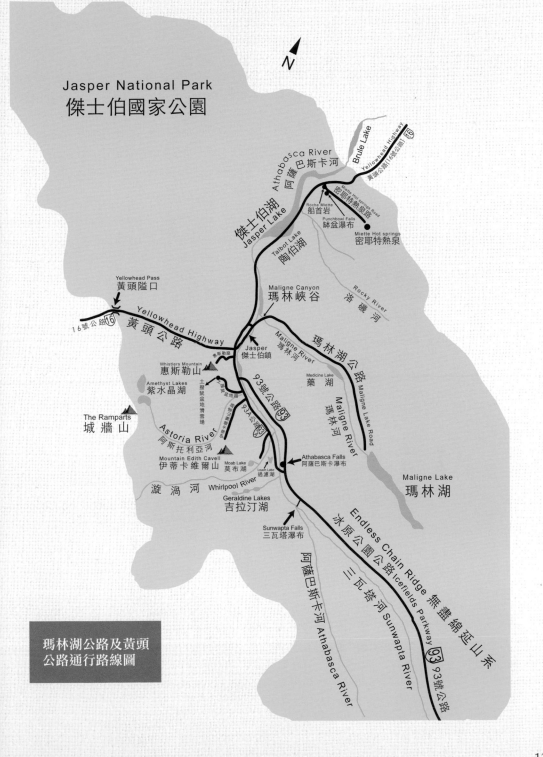

Jasper National Park
傑士伯國家公園

黃頭公路16號/公路 Yellowhead Highway 16
Brule Lake
Athabasca River 阿薩巴斯卡河
傑士伯湖 Jasper Lake
Miette Hot springs Road 密耶特熱泉路
Roche Miette 船首岩
Punchbowl Falls 鉢盆瀑布
Miette Hot springs 密耶特熱泉
Talbot Lake 陶伯湖
Rocky River 洛磯河
Yellowhead Pass 黃頭隘口
16號公路16 Yellowhead Highway 黃頭公路
Maligne Canyon 瑪林峽谷
Maligne River 瑪林河
瑪林湖公路 Maligne Lake Road
Whistlers Mountain 惠斯勒山
Jasper 傑士伯鎮
土撥鼠盆地嶺靈場
Amethyst Lakes 紫水晶湖
93號公路 93
Medicine Lake 藥湖
The Ramparts 城牆山
93A公路 93A
Astoria River 阿斯托利亞河
Maligne River 瑪林河
Mountain Edith Cavell 伊蒂卡維爾山
Moab Lake 莫布湖
Leach Lake 過濾湖
Athabasca Falls 阿薩巴斯卡瀑布
Maligne Lake 瑪林湖
Whirlpool River 漩渦河
Geraldine Lakes 吉拉汀湖
Sunwapta Falls 三瓦塔瀑布
Endless Chain Ridge 無盡綿延山系
冰原公園公路 Icefields Parkway
三瓦塔河 Sunwapta River
阿薩巴斯卡河 Athabasca River
93號公路 93

瑪林湖公路及黃頭
公路通行路線圖

谷中有谷——妳泥中有我，我泥中有妳

在抵達瑪林峽谷前300公尺，有一個觀景地點。從停車處走約十幾步，即可至觀景台，居高臨下欣賞阿薩巴斯卡河谷及群山美景。若仔細端詳，當能發現，近在眼前的瑪林河谷，竟然高懸在遠方的阿薩巴斯卡河谷之上！

上次冰河時期，兩條冰河在此相會，較大的阿薩巴斯卡冰河侵蝕切割出較深谷地，才會使得較小的瑪林冰河谷地，懸掛在阿薩巴斯卡冰河谷地之上。

其實，這種「谷中有谷」的地形，除了高山冰河區之外，在主要河川如波河的沿線溪澗支流，也有「谷中有谷」的景觀。（谷中有谷相關文字，參見65頁）

在瑪林峽谷健行攬勝時，也請您留心關注大彎角羊。

加洛山中常見的兩種野生羊

✳ 大彎角羊（Bighorn Sheep）

重約70～135公斤的大彎角羊，棕色外身、白色圓臀，公羊尚有一對逐年增生、巨大後彎的捲曲圓角。

年長公羊通常整個夏季都齊聚一處，儼然形成一個光棍集團，但一到秋季，受到母性光輝的感召，王老五俱樂部宣告解散，公羊紛紛回歸母羊懷抱，重組家庭。大彎角羊雖能在包括懸崖、峭壁的各種地形來去自如，但牠們卻傾向生活在不同海拔高度的開放山坡地區。因此遊客搭乘登山纜車到達位於班夫國家公園，海拔2300公尺的硫磺山山頂能見到大彎角羊，而在海拔較低、傑士伯國家公園裡的瑪琳峽谷，也能輕易發現大彎角羊的蹤影。

✳ 高山山羊（Mountain Goat）

全身純白，有對平直尖銳的暗黑短角，重約50至135公斤的高山山羊，外貌與大彎角羊明顯不同。高山山羊可說是北美地區哺乳動物當中，最穩健的攀岩附壁好手，甚至比大彎角羊還要喜歡長期停留在直立險峻的懸崖峭壁。除非高山山羊冒險下至較低海拔富含自然礦物地區，舔食其中所蘊含的礦物，否則絕大多數時間皆停留山巔，因此不易得見其廬山真面目。

在遊客行經的山區公路地段，有兩處富含自然礦物，一處在庫特尼國家公園的黑克特峽谷附近，另一處則在冰原公園公路，阿薩巴斯卡瀑布南方6公里處的山羊景點與野餐區路段。旅客可以在這兩個地方，發現難得一見的高山山羊的身影。

藥湖

藥湖是個魅力十足的湖泊，充滿著神祕色彩與傳奇故事。

由於湖底有一處滲漏洞穴，藥湖湖水總會隨著季節上漲、萎縮。每年春末，由於瑪林湖的山頭積雪開始融化，藥湖水源充沛，湖面高漲。到了夏末秋初，山頭積雪早已融化殆盡，既無進水，又持續從湖底漏洞流失，此時湖面就愈來愈低，有時候甚至更會乾枯見底。

早期印地安原住民不明就裡，誤以為湖中有精靈，驚恐敬畏之餘，認為這座湖像藥物一般神奇，因而稱之為藥湖。如今經過地質學家的研究調查，發現藥湖湖底滲漏的湖水，全都經由石灰岩地下水道系統，流到了瑪林峽谷。

在瑪林峽谷小徑健行，走到跨越峽谷的第4座橋時，就能清楚看見藥湖湖水，在地底穴道流過16公里之後，從瑪林峽谷的一處洞口穿流而出的景象，十分有趣。

藥湖也是絕佳的山地湖泊及濕地自然生態環境典範，可以見到麋鹿、北美大角鹿、騾耳黑尾鹿及鼬鼠等諸多野生動物。

瑪林湖

瑪林湖湖畔有高級舒適的旅館、餐廳，規畫完善的健行路徑。更有加拿大洛磯山中，除了班夫國家公園明尼汪卡湖之外，另一處獲准行駛湖中的大型觀光汽艇。

瑪林湖

邪惡壞水

　　瑪林湖位於群山峻嶺之間，時至今日，唯一對外通行的進出路線，也只有單向全長44公里的瑪林湖公路。因此，當1870年代，尋找鐵路路線的探勘人員，歷經長途跋涉、萬般艱辛來到此處，發現這是一條根本不可能成為鐵路路線的不通死路之後，才會在疲累、痠痛、失望之餘，將眼前的亮麗湖泊稱之為「腳痛湖」。這個令鐵路探勘人員腳痛的湖水，流出成河，想不到河水竟然又讓另外一位歐洲來的神父頭痛不已。

　　19世紀中葉，比利時籍神父德思梅，在此河與阿薩巴斯卡河交會處想要渡河時，卻被此河的洶湧水流困住。好不容易脫險渡河後，德思梅神父留下了「邪惡壞河」（Une Riviere Maligne／Maligne River）之嘆。有此典故，後人才會戲稱此河為Maligne River——瑪林河，源頭的湖水也叫成Maligne Lake——瑪林湖。由此可知，瑪林（Maligne）如同夢蓮（Moraine），都不是美女的名字。

　　1908年，加拿大洛磯山脈的傳奇女探險家瑪麗·謝佛，由露薏絲湖村的拉岡火車站出發，騎馬率隊首次造訪瑪林湖。
瑪林湖的美妙景致，從此聲名遠播。

6 黃頭公路（16號公路）
Yellowhead Highway
地圖參見135頁

　　黃頭公路是從傑士伯鎮，東行至愛爾伯她省省府愛德蒙頓，西行至大分水嶺黃頭隘口的這一段公路。黃頭公路在傑士伯國家公園路段，由西至東的主要旅遊景點包括：黃頭隘口、傑士伯湖、密耶特熱泉。

（左圖）缽盆瀑布。
（右上圖）陶伯湖。（右下圖）船首岩。

優荷國家公園・深度旅遊路線

通行優荷國家公園的遊園道路有：橫貫加拿大公路優荷國家公園路段，以及在此一公路上，相連轉接的大分水嶺路（The Great Divide Trail）、優荷河谷路與翡翠湖路3條分叉道路。

■ 橫貫加拿大公路優荷國家公園路段

1號公路優荷國家公園路段的西行起點是踢馬隘口，主要旅遊景點如下：

» 踢馬隘口

距離橫貫加拿大公路最近的另外一條公路，是冰原公園公路。從冰原公園公路交叉路口至踢馬隘口，相距7.68公里。成為橫貫加拿大公路與橫貫加拿大鐵路，兩大交通動脈同時跨越的重要地點，踢馬隘口，深具歷史意義。

1858年，詹姆斯・黑克特博士在這一帶山區探勘找尋隘口時，被一匹馱馬踢中胸部，動彈不得，幾乎喪命。有此事故，大分水嶺上的隘口與河流，就分別被命名為踢馬隘口與踢馬河（Kicking Horse River）。1871年，加拿大聯邦政府開始審慎認真地研究60多年來，努力探勘、發現的大分水嶺上諸多隘口，何者最適合鐵路通過。

次年，在鐵路工程師三福・福來明率領下，攜帶各個隘口地圖的探勘隊伍，出發前往加拿大洛磯，尋找最佳的鐵路路線。

他們起初認為，最理想的路線應該考慮既低又近的原則。低：隘口斜坡要低，低到火車容易爬坡而過。近：路線要離美國邊界近，近到讓美國感受到加拿大強烈宣示領土主權的立場。

到了1878年，經過6年的篩選，剩下豪斯、踢馬、佛迷里恩與瞭望臺4個隘口。然而，此時的加拿大卻反倒擔憂，若是過於接近美國邊界，會被美國鐵路支線越界占用。最後，在1881年，終於敲定踢馬隘口為加拿大第一條橫貫大陸鐵路的必經之地。踢馬隘口，不但是B.C.省與愛爾伯他省的分界點，同樣也是班夫國家公園與優荷國家公園的交界點。

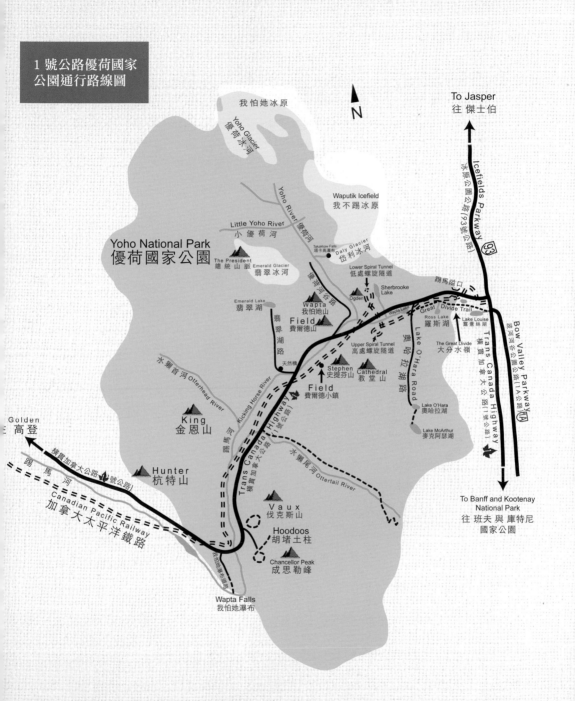

1 號公路優荷國家
公園通行路線圖

N

我怕她冰原

Yoho Glacier
優荷冰河

To Jasper
往 傑士伯

Waputik Icefield
我不踢冰原

Little Yoho River
小優荷河

Yoho River 優荷河
塔卡高瀑布
Takakkaw Falls

Daly Glacier
位利冰河

Lower Spiral Tunnel
低處螺旋隧道

Yoho National Park
優荷國家公園

The President
總統山脈

Emerald Glacier
翡翠冰河

Ogden

Sherbrooke
Lake

踢馬隘口

Icefields Parkway (93號公路)
冰原公園公路(93號公路)

Emerald Lake
翡翠湖

Wapta
我怕她山

Field
費爾德山

優荷河公路

Wapta Lake

Great Divide Trail

Ross Lake
羅斯湖

Lake Louise
露薏絲湖

Bow Valley Parkway
波河河谷公園公路(1A公路)

翡
翠
湖
路

Upper Spiral Tunnel
高處螺旋隧道

Lake
O'Hara
Road

The Great Divide
大分水嶺

Otterhead River 水獺首河

天然橋

Stephen
史提芬山

Cathedral
教堂山

奧
哈
拉
湖
路

Trans Canada Highway
橫貫加拿大公路(1號公路)

King
金恩山

Kicking Horse River 踢馬河

Field
費爾德小鎮

Lake O'Hara
奧哈拉湖

Golden
往 高登

橫貫加拿大公路(1號公路)

Trans Canada Highway 橫貫加拿大公路

Lake McArthur
麥克阿瑟湖

踢
馬
河

Hunter
杭特山

Ottertail River 水獺尾河

Canadian Pacific Railway
加拿大太平洋鐵路

Vaux
伐克斯山

To Banff and Kootenay
National Park
往 班夫 與 庫特尼
國家公園

Hoodoos
胡堵土柱

Chancellor Peak
成思勒峰

Wapta Falls
我怕她瀑布

唯一・第二・敬畏・讚嘆

橫貫加拿大公路，是貫穿優荷國家公園的主要道路。這條橫貫公路，越過踢馬隘口的最高頂點，經過踢馬河谷的低平區域，進入優荷國家公園的心臟地帶。此一黃金路線，引領遊客欣賞：

悠然寂靜的深山野林，優雅纖柔的空谷幽蘭，靈巧活潑的可愛飛禽，清新亮麗的冰河湖泊，雄偉壯闊的傾瀉瀑布，高聳入雲的覆頂雪峰，及氣勢磅礴的陡峭山壁……

難怪當年克里印地安原住民見此情景，感受天工造物、鬼斧神工的奇妙，心生敬畏，連聲讚嘆，直呼YOHO。

為了尋找穿越加拿大洛磯山脈最適當的交通路線，1858年，地質學家詹姆斯・黑克特博士發現了踢馬隘口。1884年，CPR鐵路鋪設穿越踢馬隘口的鐵軌。直到1885年11月7日，在B.C.省奎格拉奇敲下最後一根鐵路道釘，終於全線完工。

優荷國家公園的風光之美與重要聯外等特色，吸引了聯邦政府的目光。1886年，聯邦政府在史提芬山山腳，規畫了26平方公里的保留地，成立了加拿大的第二座國家公園。1930年通過的《國家公園法》，確立了優荷國家公園總面積為1310平方公里。

優荷國家公園在班夫國家公園以西，庫特尼國家公園以北，是加洛4大國家公園中，唯一完全置身於B.C.省境內的國家公園。

山頭隘口

　　一座大山橫阻去路，必須設法找到低矮易過的地點才能跨越，這個低矮易過的地點就是「隘口」（Pass）。就道路本身而言，隘口是道路最高頂點。就大山方面來看，隘口卻是相對低矮平緩之處。

　　現今道路通過大分水嶺的實體隘口有：

● 黃頭隘口（Yellowhead Pass），海拔1066公尺。

● 踢馬隘口（Kicking Horse Pass），海拔1643公尺。

● 佛迷里恩隘口（Vermilion Pass），海拔1637公尺。

● 瞭望臺隘口（Crowsnest Pass），海拔1382公尺。

　　現今道路不再通過大分水嶺的歷史隘口則有：

● 阿薩巴斯卡隘口（Athabasca Pass），19世紀初至中期的毛皮貿易孔道。

● 豪斯隘口（Howse Pass），19世紀初期僅曾經短暫使用數年的毛皮貿易孔道。

1.黃頭隘口

2.阿薩巴斯卡隘口

3.豪斯隘口

4.踢馬隘口

5.佛迷里恩隘口

6.瞭望臺隘口

» 我怕她湖（Wapta Lake）

我怕她湖是踢馬河的源頭。自此以後，一路西行，1號公路路邊所見，絕大部分皆為踢馬河。我怕她（Wapta），史東尼印地安語，意為流水或河川。

» 低處螺旋隧道（Lower Spiral Tunnel）

1909年，CPR鐵路施工單位為了減緩傾斜坡度，特意採取了「去直繞彎」的迂迴手法。鐵路從踢馬隘口一路下行，不直接到踢馬河谷底，而是改為先經由高處螺旋隧道繞進左邊教堂岩壁山，在山洞中迴旋環繞將近一公里。走出高處螺旋隧道後，仍不下山，又轉往對岸優荷谷地，再進入另一個奧登山的低處螺旋隧道，仍然在洞中迴旋環繞近900公尺後，才慢條斯理地開出低處螺旋隧道，駛向踢馬河谷底的費爾德小鎮。利用這兩座一高一低的螺旋隧道，一舉解決了鐵路坡度過大的問題。

遊客來到低處螺旋隧道景點，總希望能夠看見拖有一、兩百節貨運車廂的列車進出隧道，車頭在山上、車尾在谷底的特殊景況。低處螺旋隧道這個景點，雖然沒有火車通過此處的時間表，但因為這是重要的運輸路線，常有火車經過，看到火車進出螺旋隧道的機會不小。

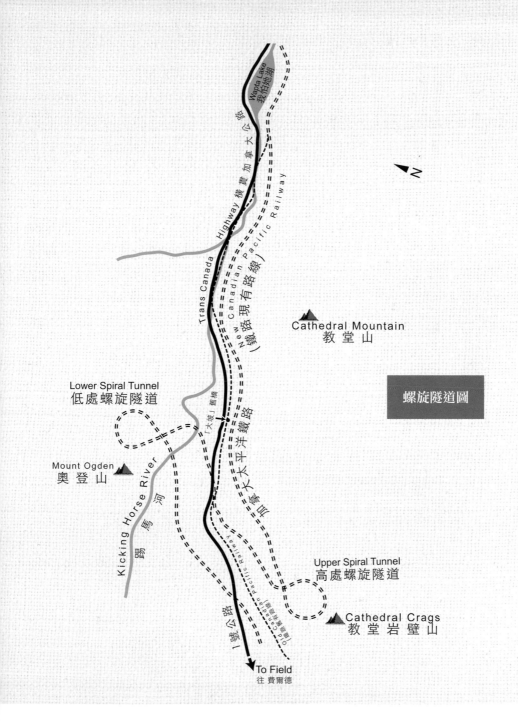

螺旋隧道圖

Wanta Lake
我怕她湖

Trans Canada Highway 橫貫加拿大公路

New Canadian Pacific Railway
(鐵路現有路線)

Cathedral Mountain
教堂山

Lower Spiral Tunnel
低處螺旋隧道

「大坡」舊橋

Mount Ogden
奧登山

Kicking Horse River
踢 馬 河

加拿大太平洋鐵路

Upper Spiral Tunnel
高處螺旋隧道

Cathedral Crags
教堂岩壁山

1號公路

Old Canadian Pacific Railway
(鐵路舊路線)

To Field
往 費爾德

N

從踢馬隘口下行,過了我怕她湖之後,不到7公里的路段,高度落差竟然多達400公尺。這段大坡是北美洲鐵路坡度與傾斜度最厲害的路段。當初為了避免意外事故發生因而謹慎慢行,浪費了不少的時間、人力與物力。於是在1909年完成了迂迴改道工程——螺旋隧道。

» 費爾德小鎮

費爾德，這個在蒸汽火車年代一度繁榮茂盛的小鎮，雖然風華不再，但至今仍是CPR鐵路公司的地區重點車站。費爾德同時也是優荷國家公園行政總部所在，在進入小鎮公路前，設有國家公園遊客服務中心。

» 我怕她瀑布（Wapta Falls）健行小徑

從1號公路西界門以東5公里處，轉入我怕她瀑布道路叉路，開車行駛1.6公里的石子路面，即可到達我怕她瀑布健行小徑起點。單向全長2.4公里的這條健行路段，先是平緩，繼而再稍微緩坡爬高。走約25分鐘，可到觀瀑高臺，再走10分鐘下坡路面可抵河岸，此處可觀賞踢馬河水從飛崖墜下30公尺的我怕她瀑布。

» 優荷國家公園西界

從我怕她瀑布健行小徑與1號公路叉口，重回1號公路，西行4.64公里，即至優荷國家公園西行路線的終點界線。

我怕她瀑布

1858年，詹姆斯・黑克特博士被馱馬踢中胸部的意外發生地點，就在我怕她瀑布附近。因此這條河流才會被稱做踢馬河，連帶也將大分水嶺上的隘口稱做踢馬隘口。

■ 大分水嶺路

從1號公路與大分水嶺路叉口,可以轉接大分水嶺路。

大分水嶺路,全長11公里,連接著與1號公路交會這一段的大分水嶺山脊與露薏絲湖地區。十多年前,大分水嶺路仍是機動車輛可以行駛的公路。然而,為了維護動物生態環境,此段公路現在已經完全禁止汽、機車、單車通行,只能以徒步健行的方式在此一路段遊覽。如果僅從大分水嶺路叉口這個地點,前往「大分水嶺地標」景點,則往返只有6公里距離。旅客可以利用這段來回6公里的健行路徑,轉往3處熱門旅遊地點。

» 大分水嶺地標

加拿大國家公園當局在此處豎立了河川東、西低流,各自歸依3大洋(太

平洋、大西洋、北冰洋）的大陸分水嶺地標立牌，以及省界（愛爾伯她省／
B.C.省）和國家公園（班夫國家公園／優荷國家公園）的分界線。

» 羅斯湖健行小徑

從羅斯湖健行小徑，可以通往尼布勞克山與聖皮軟山崖壁下的山中小
湖——羅斯湖。

» 奧哈拉湖路

奧哈拉湖路可以通往加拿大洛磯山中，聲名遠播的亮麗湖泊——奧哈拉
湖。（奧哈拉湖路健行路線相關介紹，參見265～ 267頁）

■ 優荷河谷路（Yoho Valley Road）

由1號公路西向下行，來到踢馬河河谷的低平區域，有一條右轉叉路——優荷河谷路，引領旅客一路沿著優荷河，抵達加拿大洛磯山中的最高瀑布——塔卡高瀑布。

優荷河谷路單向全長13.6公里，沿途景點包括：

》史提芬山

在此可見優荷河谷路右側海拔3199公尺的史提芬山，山頭「懸掛冰河」的景致。另外，在冰河右下方可見一處廢棄礦坑入口，這個在19世紀末期曾出產鉛、鋅與少量白銀的「顯要礦區」，已於1952年關閉。

》高處螺旋隧道

在此景點，可以清楚看見進出教堂岩壁山的高處螺旋隧道。

》河水交會處

在此景點，可見晶瑩清澈的踢馬河與深沉混濁的優荷河交會的景觀。為何這兩條河的顏色有如此明顯差異？原來，踢馬河一路走來，已有系列溪湖，為其沉澱淤泥、沙粒等雜質，方顯潔淨。而才從優荷冰河融解水源流出的優荷河，仍然攜帶著大量的冰河粉末，當然看來污濁。（冰河粉末相關文字，參見321頁）

》Z形來回路段

優荷河谷路行至此一路段，彎度與角度皆十分險峻，優荷國家公園管理當局，特別規定大型車輛不宜冒險進入，以免萬一卡在路中進退兩難，甚至有可能翻覆路邊峭壁之下。但是因為優荷河谷路是通往加拿大最高瀑布必經之路，時見休閒RV房車、大型遊覽車照常走此路段，著實讓人為這些違規駕駛捏把冷汗。

沿著優荷河前行約800公尺至優荷河橋,更拉近了與高瀑之間的距離。過橋再走500公尺,來到高瀑下端前緣,感受飛瀑怒潮的狂野渲洩,接受霏霏雨絲的自然洗禮,定能為遊人帶來震撼感官與撫慰心靈的雙重享受。

» 塔卡高瀑布（Takakkaw Falls）

優荷河谷路終點,即為塔卡高瀑布。

塔卡高瀑布,是由「我不踢冰原」的岱利冰河融解水源,從高達254公尺的懸崖峭壁飛墜而下,不僅是加拿大第一高瀑,在全世界亦屬名列前茅。難怪克里族印地安原住民驚嘆之餘,盛讚其Takakkaw(了不起、真偉大、太棒了)!

在塔卡高瀑布北方,還有優荷河與優荷冰河發源處的「我怕她冰原」。塔卡高瀑布景點,既然位居「我不踢」(Waputik,史東尼印地安語,意為白山羊)與「我怕她」兩大冰原之間的低處,可知周遭必然群山環繞。提醒您,至此觀瀑,亦請同時欣賞冰河與高山美景。

天然橋

■ 翡翠湖路

1號公路續往西行，又見一條右轉叉路——翡翠湖路。沿著翡翠湖路前行，可抵加拿大洛磯山中，遊人必訪的美妙名湖——翡翠湖。

翡翠湖路單向全長8公里，有兩處主要旅遊景點：

» 天然橋

轉入翡翠湖路之後，走1.6公里，即可來到一處石灰岩層被踢馬河侵蝕切割的地方。在這裡，踢馬河從岩層縫隙下流出，類似一般小橋流水，此一景觀於是被稱做「天然橋」。

有時候，由我陪同遊歷的旅客，也許並未特別留心，往往天真地與同行親友，站在觀景用的人造水泥鐵欄杆橋上拍照留念。當我趨前指向人造水泥橋對面，踢馬河上那座真正的天然橋時，他們總會以稍顯懷疑的眼神與口氣，質問為何所謂的「天然橋」，卻又有些近似小峽谷。

其實，彼等所言，確實有幾分道理。

天然橋，最早實際上是個瀑布。這個瀑布從岩層流過，遮蓋了全部的岩層。經過許多年的侵蝕作用，原本的瀑布，切穿了一條底部細縫，水流於是從縫隙鑽出穿流而過，岩層這才顯露，形成如同流水從「天然橋」橋底而過的景象。但若長此以往繼續侵蝕下去，有朝一日，從底至上的縱線會被切開，將不復有橋，變成一座真正的裂口斷層峽谷。

昨日的瀑布，就是今日的橋樑，將會成為明日的裂谷。侵蝕過程，從這座天然橋，可以看出端倪。

» 翡翠湖

經過天然橋景點，續由翡翠湖路前行6.4公里，可至翡翠河的源頭翡翠湖。

翡翠湖，是由發現露薏絲湖的同一人湯姆‧威爾遜，於同年（1882年）夏天發現。威爾遜將這兩個顏色有如翠玉般亮眼的美麗湖泊，都取名為「翡翠湖」，只不過位於班夫國家公園的翡翠湖，兩年後被改名為露薏絲湖。位於優荷國家公園的這個翡翠湖，乃成獨一無二，而無同名之累。（露薏絲湖相關文字，參見73頁）

翡翠湖亮麗碧玉的色澤，與其他冰河湖泊成因相同，是由總統山脈的冰河粉末灌注湖中形成。

翡翠湖湖濱旅館全年開放，是加拿大洛磯山脈度假勝地當中，最佳餐飲、休憩、住宿與水陸活動場所。

在翡翠湖泛舟遊湖，欣賞湖光山色，或是沿著湖畔數
條長短不一的健行小徑散步，皆為偷得浮生半日閒的
一大享受。

庫特尼國家公園・深度旅遊路線

通行庫特尼國家公園的遊園道路是**庫特尼公園公路**。

南北走向的庫特尼公園公路，與同樣南北走向的冰原公園公路，雖然相隔了28公里，並未相連，卻同為番號93號公路。為了避免因重複使用同一番號，造成過路旅客的混淆誤解，有關單位將這段位於南方的93號庫特尼公園公路，正式名稱定為：93南（93 South）公路。

庫特尼公園公路的南行起點並非班夫鎮，而是城堡叉口。在1910年代的時候，已經有班夫公路，由城堡叉口通往班夫鎮，因此，庫特尼公園公路是由城堡叉口起建。庫特尼公園公路的主要旅遊景點如下：

» 城堡叉口

位居波河河谷公園公路中點的城堡叉口，是轉往露薏絲湖村與班夫鎮最近的中繼站。從城堡叉口出發，能快捷便利地抵達班夫國家公園的城堡山、姜斯頓峽谷，及庫特尼國家公園的風暴山、瞭望湖……等著名旅遊景點。（城堡叉口，相關文字參見64頁）

公路公園

　　經過庫特尼國家公園主要旅遊景點的公路是庫特尼公園公路。

　　庫特尼公園公路，是由英佛密爾的一個商人，後來成為B.C.省副省長的藍道夫‧布魯斯大力促成。他認為若能興建連接既有的班夫公路，便可將水果運至愛爾伯她省草原地區的市場，對溫德密爾谷地的果農大有助益。1905年，藍道夫‧布魯斯更建請B.C.省政府及CPR鐵路公司建此公路。

　　1911年開始興建時，面臨了聳立大分水嶺的3座山脈、廣闊深厚的森林與湍急的河川等實際障礙。但是，大自然並非真正的阻撓所在，錢才是最頭痛的問題。由於經費不足，加上第一次世界大戰爆發，公路興建只有暫告中止。

　　戰後藍道夫‧布魯斯建請聯邦政府協助興建此路，B.C.省則提供贈送公路兩側各8公里的土地給加拿大政府，用以充當國家公園。1920年，占地1406平方公里的庫特尼國家公園成立，兩年後，全長104公里的庫特尼公園公路完工，1923年6月23日正式開放通車。

　　正因如此，庫特尼國家公園既是大自然原野保護區，更以公路公園（Highway Park）遠近馳名。

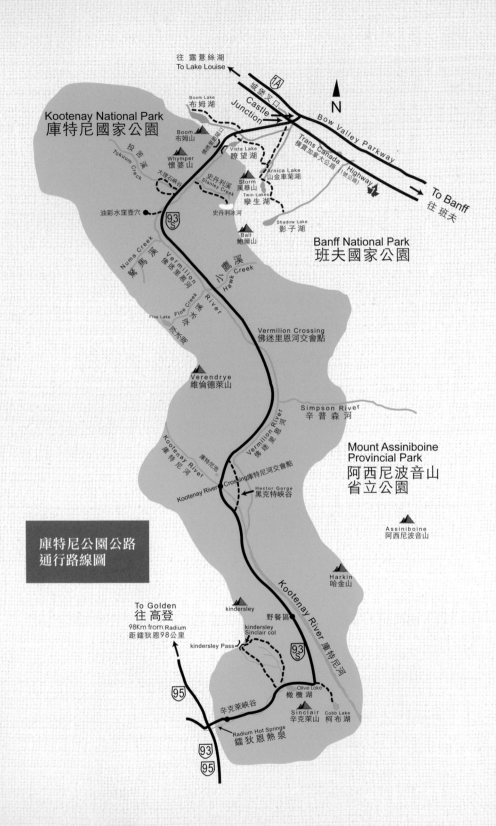

往 露薏絲湖
To Lake Louise

城堡叉口
Castle Junction

Ⓐ

N

Bow Valley Parkway

Kootenay National Park
庫特尼國家公園

Boom Lake
布姆湖

佛迷里恩河交會點

Boom
布姆山

Vista Lake
瞭望湖

橫貫加拿大公路
Trans Canada Highway
(1號公路)

To Banff
往 班夫

投喜溪
Tokuum Creek

Whymper
懷婆山

Arnica Lake
山金車菊湖

史丹利溪
Stanley Creek

Storm
風暴山

大理石峽谷

Twin Lakes
學生湖

油彩水窪壺穴

93S

史丹利冰河

Shadow Lake
影子湖

Banff National Park
班夫國家公園

Ball
鮑爾山

Numa Creek
駑馬溪

Vermilion River
佛迷里恩河

Floe Creek
浮冰溪

Floe Lake
洪冰湖

小鷹溪
Hawk Creek

Vermilion Crossing
佛迷里恩河交會點

Verendrye
維倫德萊山

Vermilion River
佛迷里恩河

Simpson River
辛普森河

Mount Assiniboine
Provincial Park
阿西尼波音山
省立公園

庫特尼公園公路
通行路線圖

Kootenay River
庫特尼河

庫特尼池

Kootenay River Crossing庫特尼河交會點

Hector Gorge
黑克特峽谷

Assiniboine
阿西尼波音山

Harkin
哈金山

Kootenay River 庫特尼河

To Golden
往 高登
98Km from Radium
距鐳狄恩98公里

kindersley

野餐區

kindersley
Sinclair col

95

kindersley Pass

93S

辛克萊峽谷

Olive Lake
橄欖湖

Radium Hot Springs
鐳狄恩熱泉

Sinclair
辛克萊山

Cobb Lake
柯布湖

93
95

在93南公路觀賞城堡山

» 風暴山旅館（Storm Mountain Lodge）路邊景點

風暴山旅館，與93南公路同年完工，並於次年（1923年）開業。

風暴山旅館最初屬於CPR鐵路公司，1940年後轉手多次，1990年，由露薏絲湖地區的Post旅館經營，1997年宣告關閉停業。2003年6月1日重新開幕，新東主是來自班夫鎮的一對夫婦，他們有心讓這個一向有城堡山木屋營地美譽的行旅休憩重地，重新振衰起敝。

由風暴山旅館一帶，一直到大分水嶺佛迷里恩隘口之前，都是觀賞城堡山的最佳地點。從1號、1A及93南3條公路，皆能清楚看見城堡山，而在93南公路的這個路段，由於相距最遠、角度最佳、方向最正，更能真正看清楚城堡山全貌。

» 布姆溪野餐區

從布姆溪野餐區停車場，穿越一小段林區可見布姆溪，過小橋就是前往布姆湖、奧百安湖與泰勒湖的健行路徑起點。

» 瞭望湖

　　這是一個非常優越的觀景地點，清晰可見風暴山、鮑爾山（Mountain Ball）、史丹利峰，及山谷中的瞭望湖（右下圖）。

» 佛迷里恩隘口

　　佛迷里恩隘口，海拔1637公尺，是93南公路跨越大分水嶺的最高點。過了佛迷里恩隘口，就由班夫國家公園進入庫特尼國家公園，同時也從愛爾伯她省進入B.C.省。

　　1968年一個夏日午後，突起閃電，引燃了懷婆山南坡樹林，不一會兒工夫，烈焰迅即延燒至佛迷里恩隘口一帶。往後8天，廣達6500英畝的300年老舊

樹林，慘遭祝融吞噬，毀壞殆盡。40多年後，遊客至此緬懷憑弔，可以沿著一高一低的火紅草花環形步道，花10～20分鐘時間深入舊災區，進一步觀察並體會大自然對野生生態產生的重大影響。

» 大理石峽谷健行步道

大理石峽谷，是被「投苦溪」侵蝕切穿石灰岩層而成，約600公尺長，3～18公尺寬，最深處幾達60公尺。

大理石峽谷是加拿大洛磯山中，除班夫國家公園的姜斯頓峽谷，與傑士伯國家公園的瑪林峽谷外，另一處著名峽谷。由於此一峽谷的岩壁，大多數人認為是白色大理石，因此未以投苦溪命名，而稱之為「大理石峽谷」。

根據地質學家的深入調查研究，確認岩壁並非大理石，實際上只不過是亦白亦灰的白雲石與石灰岩罷了。

》駕馬溪野餐區

從停車場盡頭，走不到200公尺，可至野餐區與駕馬溪橋，橋下可見駕馬溪瀑布。

》浮冰湖小徑（Floe Lake Trail）

93南公路南行右側的浮冰湖小徑，全長10.7公里。終點浮冰湖，因湖中常有由冰河融解下來的浮冰，故而得名。

如果不想走10.7公里前往浮冰湖，只需走0.6公里，沿途有樅樹、立桿松林、野牛莓與雛菊的小徑，即可來到一處小峽谷。光是站在長約20公尺的木橋上，觀賞由佛迷里恩河侵蝕出的迷你峽谷，足以令人心曠神怡。

◀駕馬溪瀑布

▲佛迷里恩迷你峽谷跨河木橋

» 維倫德萊山

　　不像浮冰湖健行小徑，須長途跋涉才能近看巨大高聳的岩壁，遊人在此路邊停車景點，就能清楚遠眺這座城牆高塔式石灰岩山壁，海拔3086公尺的維倫德萊山。

阿西尼波音山

» 阿西尼波音山

　　在這處路邊停車景點，天候好的時候，有機會看見海拔3618公尺，有「洛磯麥特洪峰」之稱的阿西尼波音山的尖峰。又稱做「阿西尼波音民族」的史東尼印地安人，世世代代都在這雄偉大山的開闊草地與山間谷地游移狩獵。1922年，阿西尼波音山與鄰近地區，被B.C.省政府，規畫為阿西尼波音山省立公園，成為B.C.省第6個省立公園。

» 黑克特峽谷

　　佛迷里恩河流至此地，彎度增大，開始旁流他河，最後全然消失，由庫特尼河取代。佛迷里恩河流經的這段地區，就是黑克特峽谷。

　　從黑克特峽谷景點，居高臨下觀看，回想詹姆斯‧辛克萊、喬治‧辛浦森與詹姆斯‧黑克特等人當年到此，並無今日現有的發達便捷道路與交通工具，必須騎馬或徒步穿越山嶺、溪流、峽谷、密林、野徑等原始蠻荒地區，實在令人敬佩爾等英勇堅毅的行徑。

» 庫特尼池

　　93南公路行車至此，適逢彎道，彎度頗大，放慢車速較易右轉至此。北上左行也可至此，但是如若車速稍快即有可能錯過，還是以南行右轉，進入這個景點比較順路。庫特尼池停車場邊有野餐區，走不到200公尺，即可來到這個在冰河時期由融解積冰、淤泥造成下陷的凹穴湖。

» 庫特尼河交會點

　　93南公路，在此地穿越庫特尼河。1922年完工的這條公路，1923年6月23日正式開放通車時，正是在庫特尼河交會點這個地方剪綵。

» 哈金山

　　在這個路旁停車景點的同側遠方，可以看見位於庫特尼國家公園與阿西尼波音山省立公園交界的哈金山。

　　哈金山，是為了紀念加拿大第一位國家公園管理處處長詹姆斯・哈金而命名。詹姆斯・哈金有「加拿大國家公園之父」的美譽。在他擔任總管的1911～1936年期間，25年內共成立了包含庫特尼國家公園在內的12座國家公園。

» 庫特尼河野餐區

　　在這個寬廣的路邊停車場，有時會看見停滿自備小艇與獨木舟的各類大型車輛。庫特尼河岸，是一處極佳的觀景、划船（自備）與野餐休憩地點（上圖）。

» 庫特尼河谷

　　這個景點，位於93南公路的南行左側（北行右側）。但是由於位在公路的最高爬坡點，為了顧及安全，南行車輛不可左轉。因此庫特尼國家公園當局，在南行方向的右側，另外闢有停車地點。南行旅客停車後，步行至公路另側觀景，穿越馬路時，請特別注意彎道車速極快。

　　此一居高臨下的觀景點，視野極為遼闊，南北走向、長達近百公里的庫特尼河谷，及河谷對岸阿西尼波音山省立公園邊界群山，盡收眼底。過此景點，庫特尼河繼續南流，而93南公路則轉向西南，與庫特尼河漸行漸遠。

» 橄欖湖

　　93南公路，從庫特尼河谷觀景點南行不久即開始爬坡，至最高處，就是海拔1486公尺的辛克萊隘口。

　　在此頂點，有一處風景秀麗，因形似橄欖而得名的橄欖湖。

　　從橄欖湖停車場旁邊的野餐區，沿著「瑞典溪」過小橋，有兩條健行步道：

　　左邊步道，走約1、2分鐘即至冒泡泉區。冒泡泉的水源來自岸邊森林地層之下，滲入湖中後，再從湖底冒出。

　　右邊步道，也是走大約1、2分鐘的時間，可到觀魚區，湖中有亮麗好看的溪鱒，釣魚季為每年7月1日～7月31日。

普通泳池。　　　　　　　　　　　　　　熱泉泳池。

» 鐳狄恩熱泉

　　鐳狄恩熱泉是加拿大洛磯山中，包括班夫國家公園的高上熱泉，與傑士伯國家公園的密耶特熱泉在內，3大最受遊客歡迎的著名熱泉之一。與另外兩處熱泉相較，因為含有相對較高的放射能，而被稱做「鐳」熱泉。

　　至此熱門地點浸浴溫泉，請注意由於熱泉腹地不夠，緊鄰熱泉的少數停車位專為殘障人士保留，一般大眾停車場設在公路另側，以同時容納眾多遊客。

　　而此段公路適逢彎道，鐳狄恩熱泉與庫特尼國家公園當局，特別興建行人地下道，避免行人直接穿越公路，以策安全。鐳狄恩熱泉區，有普通泳池、熱泉泳池，及水溫僅攝氏5度的天然山泉，供不同需求的人士選用。

» 辛克萊峽谷

　　93南公路，從辛克萊溪健行小徑開始，已可見辛克萊溪侵蝕切割兩岸山壁的峽谷地形，而來到了這個石灰岩峽谷地段的出口，更能明顯看見兩片陡峭高聳的岩壁，將93南公路緊緊地夾在中間。一路或見紅色岩壁，則是附近礦泉水中氧化鐵渲染的結果。

» 庫特尼國家公園南口

　　93南公路，從辛克萊峽谷再走1.6公里，即至庫特尼國家公園南口。

辛克萊峽谷

Hiking

安步當車
自然之旅

我為華人旅客，精選了42條漫步加拿大洛磯原野山區，領略大自然美景奧妙的經典健行路線。請依據個人體能、路線難度、耗時里程等因素，斟酌選擇適合自己的健行路線。

困難度	説明
一般	適合一般人士，最為老少咸宜。
適中	難度高、坡度大、距離遠。
高等	帶有沙礫、碎石與岩堆的陡坡，需要登山杖、安全帽等配備。

班夫國家公園・經典健行路線

班夫國家公園健行地區包括：

1. 班夫鎮及周遭鄰近地區（含1A公路沿線旅遊地區）。

2. 坎莫爾及卡娜娜斯基鄉野勝地。

3. 露薏絲湖地區（含莫連冰河湖）。

4. 1號公路班夫國家公園路段沿線旅遊地區。

5. 93號公路班夫國家公園路段沿線旅遊地區。

以下精選推薦19條班夫國家公園經典健行路線。

愛格尼絲湖（左頁圖中山
峰為「魔指山」）

路線 1 隧道山登頂健行路徑
Tunnel Mountain Summit Trail

方位	班夫鎮東側
困難度	一般
出發點標高	1450 公尺（4756 英呎）
最高點標高	1690 公尺（5543 英呎）
標高差	240 公尺（787 英呎）
往返距離	4.8 公里（3 英哩）
所需時間	1 小時 30 分鐘
地圖	參見 32、33 頁

» 駕車前往健行路徑起點的路線、距離一覽表

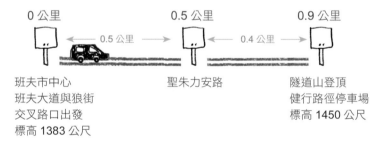

0 公里　　　　　　　　　0.5 公里　　　　　　　　0.9 公里
　　　← 0.5 公里 →　　　　　← 0.4 公里 →

班夫市中心　　　　　　　聖朱力安路　　　　　　隧道山登頂
班夫大道與狼街　　　　　　　　　　　　　　　健行路徑停車場
交叉路口出發　　　　　　　　　　　　　　　　標高 1450 公尺
標高 1383 公尺

» 徒步前往健行路徑目的地的景點、距離一覽表

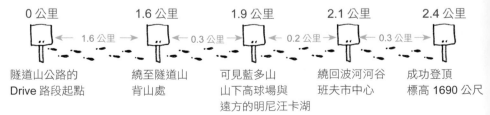

0 公里　　　　1.6 公里　　　　1.9 公里　　　　2.1 公里　　　　2.4 公里
　　← 1.6 公里 →　← 0.3 公里 →　← 0.2 公里 →　← 0.3 公里 →

隧道山公路的　　繞至隧道山　　可見藍多山　　繞回波河河谷　　成功登頂
Drive 路段起點　背山處　　　　山下高球場與　班夫市中心　　　標高 1690 公尺
　　　　　　　　　　　　　　遠方的明尼汪卡湖

　　班夫國家公園當局在行經隧道山山腳的一段地方，闢築了一條觀景公路，這條全長15公里的隧道山公路，區分為Drive與Road兩個路段。在隧道山公路的Drive路段有健行小徑，遊人可以順此路徑，登上隧道山頂峰。

　　剛出發時，沿途樹林為二葉松與厚皮樅，約走1.6公里左右，樹種開始不同，出現了五葉松和樅樹。就在此時，已繞至隧道山背山之處。到了1.9公里的位置左右，可見藍多山山下，費爾蒙班夫溫泉古堡旅館附設的高爾夫球場（上圖），及遠方的明尼汪卡湖。

　　續行至2.1公里處，又繞回波河河谷班夫市中心正面，可見山腳下的班夫大道與波河橋。終於在2.4公里的地方，成功登上海拔1690公尺的隧道山頂。在隧道山頂峰的一塊開闊高臺，觀賞西方的明尼汪卡湖、正下方的班夫鎮、正北方的瀑布山，及西南方的硫礦山，如此美景，真是令人心曠神怡！

　　隧道山雖然只是班夫近郊最低矮的小山，正因為並不十分陡峭高聳，又無登山纜車，一般遊客很容易由這個緊鄰班夫小鎮的健行小徑登至山頂，一覽其下波河河谷及其上四周群山的美妙全景。

日舞峽谷路徑
Sundance Canyon Trail

路線 2

方位	班夫鎮近郊
困難度	一般
出發點標高	1400 公尺（4592 英呎）
最高點標高	1500 公尺（4920 英呎）
標高差	100 公尺（328 英呎）
往返距離	7.8 公里（4.9 英哩）
所需時間	1 小時 30 分鐘～ 2 小時 30 分鐘
地圖	參見 33、57 頁

» 駕車前往健行路徑起點的路線、距離一覽表

0 公里　　　　　　　　　　　　　　　　1.2 公里

洞穴路 1.2 公里

班夫市中心　　　　　　　　　　　洞穴與水窪加拿大
班夫大道出發　　　　　　　　　　國家史蹟現址
標高 1383 公尺　　　　　　　　　標高 1400 公尺

» 徒步前往健行路徑目的地的景點、距離一覽表

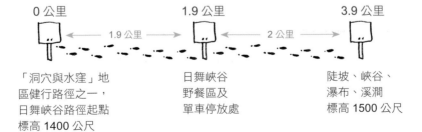

0 公里　　　　　　1.9 公里　　　　　　3.9 公里

1.9 公里　　　　　　2 公里

「洞穴與水窪」地　　　　日舞峽谷　　　　　　陡坡、峽谷、
區健行路徑之一，　　　野餐區及　　　　　　瀑布、溪澗
日舞峽谷路徑起點　　　單車停放處　　　　　標高 1500 公尺
標高 1400 公尺

　　日舞峽谷路徑，是一條同時可供健行、單車及騎馬使用的路徑。單向全長3.9公里鋪設柏油路面的完善路徑，途中可見海拔2554公尺的伊迪山。您只要沿著波河，一路輕鬆易行地走約30分鐘，就能來到日舞峽谷野餐區（此處有簡易廁所）。再走約3.5分鐘，即到日舞峽谷的起點。

　　自此處以後，想要深入峽谷，只能以徒步方式（所有單車要停放在指定停車處），順著長約兩公里的日舞溪環形小徑，進入有數層陡坡，及幾處瀑布的日舞峽谷。

史都華峽谷健行路徑
Stewart Canyon Trail

方位	班夫鎮近郊明尼汪卡湖湖岸
困難度	一般
出發點標高	1482 公尺（4860 英呎）
最高點標高	1515 公尺（4969 英呎）
標高差	33 公尺（108 英呎）
往返距離	3 公里（1.9 英哩）
所需時間	1 小時
地圖	參見 52 頁

» 駕車前往健行路徑起點的路線、距離一覽表

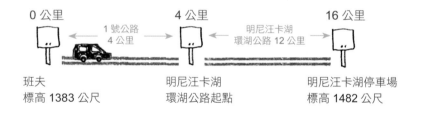

» 徒步前往健行路徑目的地的景點、距離一覽表

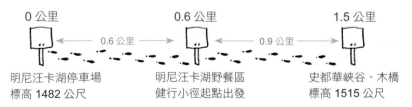

史都華峽谷健行小徑的起點,是從明尼汪卡湖野餐區開始。沿湖北行,走0.9公里的森林小徑,即可到達以班夫國家公園第一任總監喬治·史都華命名的史都華峽谷。

我站在1941年,明尼汪卡湖水壩完成4年後,所改建的一座跨越峽谷的木橋之上,觀賞石灰岩峽谷、溪流、湖水與樹林美景之餘,回味經典電影《大江東去》中勞勃·米契與瑪麗蓮·夢露,在木橋上親吻的鏡頭,不禁興起人生如戲之感。

路線 4　柯瑞隘口與伊迪隘口循環健行小徑
Cory and Edith Passes Circuit Trail

方位	1A 公路東面起點「爐邊野餐區」（班夫鎮西北方）
困難度	適中
出發點標高	1460 公尺（4789 英呎）
最高點標高	2360 公尺（7741 英呎）
標高差	900 公尺（2952 英呎）
往返距離	12.9 公里（8.1 英哩）繞過伊迪山的循環線 11 公里（6.9 英哩）柯瑞隘口往返 7.8 公里（4.9 英哩）伊迪隘口往返
所需時間	4 小時 30 分鐘～6 小時
地圖	參見 52、57 頁

» 駕車前往健行路徑起點的路線、距離一覽表

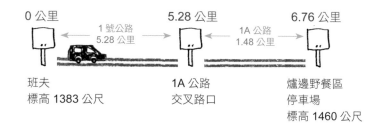

» 徒步前往健行路徑目的地的景點、距離一覽表

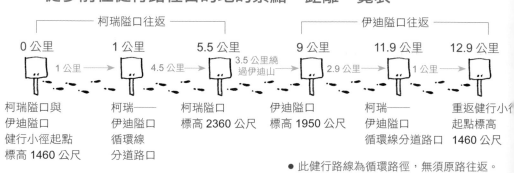

● 此健行路線為循環路徑，無須原路往返。

這是一個相當隱密的休憩與健行景點。對於經由1A公路西行的遊客而言，如果車速過快，一不小心，就會錯失被樹林遮掩大半的右轉路牌，呼嘯而過。所以，建議旅客，請放慢車速。見到路牌右轉，沿上坡路段行駛近1公里，就能抵達隱藏在樅樹、白楊樹與立桿松林間，位於小溪邊的爐邊野餐區。

既然名為野餐區，木製野餐桌、椅與洗手間（簡易廁所）自不可少，由此處過小橋，甚至還有石砌烤肉臺。野餐區的後面有健行小徑，可至伊迪隘口與柯瑞隘口。

伊迪隘口小徑是一條單向3.9公里的健行步道，走至終點時高度增加490公尺，距離不算長，爬高也較少。

柯瑞隘口小徑則為單向長達5.5公里，終點高度增加900公尺的健行路徑，行進在石灰岩峰環繞的高聳崎嶇山路，是班夫國家公園出了名的全力以赴登山路徑。

一開始，沿著老舊路基步道，穿越白楊樹林，到達1公里處的柯瑞—伊迪循環線分道路口，艱辛的路程這才開始。

走柯瑞隘口小徑的話，得越過險峻陡坡，才可來到一處開闊山丘，在此遠眺波河河谷與佛迷里恩系列3湖。接著，還要翻越非常陡峭的上坡山脊，又續行4.5公里，終抵海拔2360公尺的頂端，面對面觀賞氣勢非凡、堂皇壯麗的路易士山。

路易士山，這座垂直突起，海拔2682公尺的石灰岩山，頗似自地表伸向天際的巨掌。

如果不想由原路返回出發地點，可以繼續走3.5公里，繞過伊迪山，抵達伊迪隘口。再由伊迪隘口走3.9公里的循環線，重返「柯瑞隘口與伊迪隘口循環健行小徑」的起點。

路線 5　導航小湖小徑
Pilot Pond Trail

方位	1A 公路丘谷滑坡下方
困難度	一般
出發點標高	1520 公尺（4986 英呎）
最高點標高	1520 公尺（4986 英呎）
標高差	0 公尺
往返距離	1.52 公里（0.95 英哩）
所需時間	30 分鐘
地圖	參見 57 頁

● 有關導航小湖的介紹，請參閱前文 61 頁。

» 駕車前往健行路徑起點的路線、距離一覽表

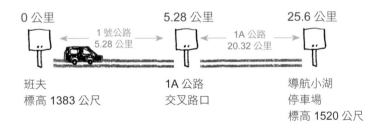

0 公里　　　　　　　　5.28 公里　　　　　　25.6 公里

1 號公路
5.28 公里

1A 公路
20.32 公里

班夫
標高 1383 公尺

1A 公路
交叉路口

導航小湖
停車場
標高 1520 公尺

» 徒步前往健行路徑目的地的景點、距離一覽表

0 公里　　　　　　　　0.2 公里　　　　　　0.76 公里

0.2 公里　　　　　　0.56 公里

導航小湖路徑起點
標高 1520 公尺

導航小湖高地
觀景點
標高 1500 公尺

導航小湖湖畔
標高 1485 公尺

姜斯頓峽谷健行路徑
Johnston Canyon Trail

方位	1A 公路城堡叉口東南方
困難度	一般
出發點標高	1430 公尺（4690 英呎）
最高點標高	1550 公尺（5084 英呎）
標高差	120 公尺（394 英呎）
往返距離	5.2 公里（3.3 英哩）
所需時間	1 小時 30 分鐘～2 小時 30 分鐘
地圖	參見 57 頁

● 有關姜斯頓峽谷的介紹，請參閱前文 62、63 頁。

》 駕車前往健行路徑起點的路線、距離一覽表

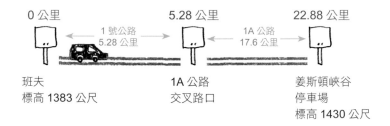

》 徒步前往健行路徑目的地的景點、距離一覽表

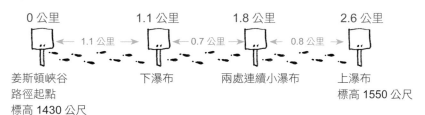

下瀑布與上瀑布間的系列瀑布之一

路線 7　墨盆健行小徑
Ink Pots Trail

方位	姜斯頓峽谷上方高山草原地區
困難度	一般
出發點標高	1430 公尺（4690 英呎）
最高點標高	1736 公尺（5695 英呎）
標高差	306 公尺（1005 英呎）
往返距離	11.2 公里（7 英哩）
所需時間	4 小時～ 5 小時
地圖	參見 57 頁

» 駕車前往健行路徑起點的路線、距離一覽表

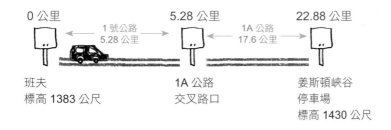

0 公里
　　　　　1 號公路
　　　　　5.28 公里

5.28 公里
　　　　　1A 公路
　　　　　17.6 公里

22.88 公里

班夫
標高 1383 公尺

1A 公路
交叉路口

姜斯頓峽谷
停車場
標高 1430 公尺

» 徒步前往健行路徑目的地的景點、距離一覽表

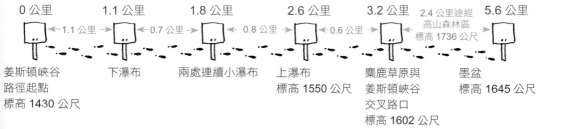

0 公里　　1.1 公里　　1.8 公里　　　　2.6 公里　　　3.2 公里　2.4 公里途經　5.6 公里
　←1.1 公里→　←0.7 公里→　← 0.8 公里 →　←0.6 公里→　高山森林區
　　　　　　　　　　　　　　　　　　　　　　　　　　　標高 1736 公尺

姜斯頓峽谷
路徑起點
標高 1430 公尺

下瀑布

兩處連續小瀑布

上瀑布
標高 1550 公尺

麋鹿草原與
姜斯頓峽谷
交叉路口
標高 1602 公尺

墨盆
標高 1645 公尺

　　越過姜斯頓峽谷上瀑布之後，就離開了峽谷地區。再走3公里，來到了墨盆區所在的姜斯頓溪谷開闊草原地帶。這裡有5個冷泉，以其獨特暗沉的藍綠色而聞名。冷泉之所以會產生這種色調，是因為泉水水源自地底流沙湧出後，持續攪動水池中這些微細的淤泥粉末物質所造成。

　　這些冷泉並不深，不受地熱的影響，終年平均水溫保持在大約攝氏4度左右。

路線 8　石圍湖健行小徑
Rockbound Lake Trail

方位	1A 公路城堡叉口東北方
困難度	適中
出發點標高	1450 公尺（4756 英呎）
最高點標高	2220 公尺（7249 英呎）
標高差	770 公尺（2493 英呎）
往返距離	16.8 公里（10.5 英哩）
所需時間	6 小時 30 分鐘～ 7 小時 30 分鐘
地圖	參見 57 頁

» 駕車前往健行路徑起點的路線、距離一覽表

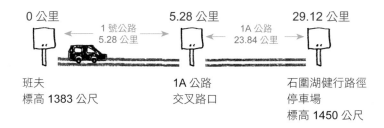

0 公里　　　　　　　　5.28 公里　　　　　　29.12 公里

1 號公路　　　1A 公路
5.28 公里　　23.84 公里

班夫　　　　　　　　　1A 公路　　　　　　　石圍湖健行路徑
標高 1383 公尺　　　　交叉路口　　　　　　　停車場
　　　　　　　　　　　　　　　　　　　　　　標高 1450 公尺

» 徒步前往健行路徑目的地的景點、距離一覽表

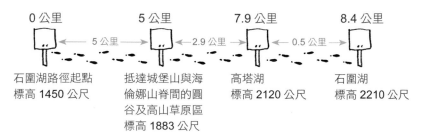

0 公里　　　　　5 公里　　　　7.9 公里　　　8.4 公里

5 公里　　　2.9 公里　　0.5 公里

石圍湖路徑起點　抵達城堡山與海　高塔湖　　　　石圍湖
標高 1450 公尺　倫娜山脊間的圓　標高 2120 公尺　標高 2210 公尺
　　　　　　　　谷及高山草原區
　　　　　　　　標高 1883 公尺

這是相當受歡迎的一條健行路線。石圍湖，隱身於城堡山背面的懸掛山谷中，完全被懸崖峭壁、崩塌落石與巨大石灰岩岩層環繞包圍。石圍湖同時也是波河河谷地區，數一數二的高山湖。

　　起初5公里的健行路徑，雖然很辛苦地穿梭林間並持續爬升，但都是走在平穩舊有的路基。在走約兩小時之後，才開始在具有壯闊山壁的城堡山與海倫娜山脊間的圓谷，及野花盛開的高山草原中行進。再走將近3公里，在城堡山的東南塔峰下，可見以此塔峰命名的寧靜小湖——高塔湖。

　　過了高塔湖的湖邊小橋，穿越最後500公尺的連續陡坡崖岸，在此海拔2220公尺的陡坡上，可以見到山腳下的高塔湖，與矗立湖邊的高塔狀聳立峭壁。終於，在艱辛地翻越山巔，並再走過一個下坡之後，抵達位居高山圓谷中，被城堡山巨大山壁及遼闊亂石堆團團包圍的石圍湖。

體力好的旅客，最好繼續沿著遺有印地安原住民史前壁畫的高坡步道，走上山頭。從山頂觀賞葛拉西湖第二湖、坎莫爾谷地及卡娜娜斯基鄉野勝地全景。▲

在翠綠寧靜的葛拉西湖雙湖健行、賞景，還可以觀看攀岩好手在高聳峭壁練習攀岩。▶

愛格尼絲湖、鏡湖、大蜂窩山與小蜂窩山循環健行小徑
Lake Agnes、Mirror Lake、Big and Little Beehives Trail

方位	露薏絲湖地區
困難度	適中
出發點標高	1730 公尺（5674 英呎）
最高點標高	2270 公尺（7446 英呎）
標高差	540 公尺（1770 英呎）
往返距離	6.8 公里（4.3 英哩）愛格尼絲湖往返 9.6 公里（6 英哩）大蜂窩山往返 10 公里（6.25 英哩）小蜂窩山往返
所需時間	4～5 小時
地圖	參見 71、72 頁

» 駕車前往健行路徑起點的路線、距離一覽表

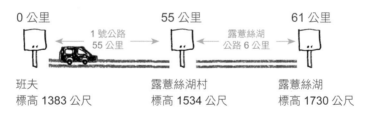

0 公里　　　　　　55 公里　　　　　　61 公里

1 號公路 55 公里　　露薏絲湖公路 6 公里

班夫
標高 1383 公尺

露薏絲湖村
標高 1534 公尺

露薏絲湖
標高 1730 公尺

» 徒步前往健行路徑目的地的景點、距離一覽表

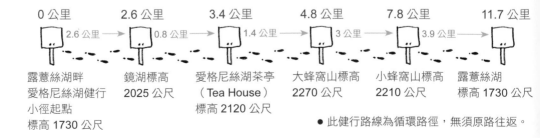

0 公里　　2.6 公里　　3.4 公里　　4.8 公里　　7.8 公里　　11.7 公里

2.6 公里　0.8 公里　1.4 公里　3 公里　3.9 公里

露薏絲湖畔
愛格尼絲湖健行
小徑起點
標高 1730 公尺

鏡湖標高
2025 公尺

愛格尼絲湖茶亭
（Tea House）
標高 2120 公尺

大蜂窩山標高
2270 公尺

小蜂窩山標高
2210 公尺

露薏絲湖
標高 1730 公尺

● 此健行路線為循環路徑，無須原路往返。

露薏絲湖是加拿大洛磯山中的瑰寶。置身露薏絲湖畔，享受此地自然天成、絕世美景的方式真不少：泛舟、騎馬、徜徉漫步之外，還可以沿著當初由CPR鐵路公司規畫興建，全長總計近百公里，8條健全完善、路況良好的步道系統與健行小徑，探訪露薏絲湖周邊鄰近地區，尋幽攬勝。

露薏絲湖周邊健行路徑中，愛格尼絲湖健行路徑是非常受遊客喜愛的著名路線。經由這條位於露薏絲湖北岸的循環路線，可以前往：愛格尼絲湖、鏡湖、大蜂窩山與小蜂窩山。

出發後，走過連續上坡，依健行者腳程快慢，大約35分鐘至1小時的光景就能抵達鏡湖。

在明亮清澈、光可鑑人的鏡湖，可以近距離與形似蜜蜂蜂巢的大蜂窩山歡喜相見。

從高山湖愛格尼絲湖湖畔，精緻小巧的「茶亭」（Tea House），
可以分別前往大蜂窩山與小蜂窩山。

從鏡湖出發，再走800公尺的連續上坡，走到小溪澗瀑布，就能看見總共59階的木製階梯，登上頂端，即可抵達愛格尼絲湖。先沿著愛格尼絲湖正面右側滿布石塊的湖岸小徑，走向大蜂窩山山頭。走向大蜂窩山的小徑，單向全長1.4公里，Z形來回路段長坡非常陡峭。當您十分艱辛地終於成功登頂之後，從大蜂窩山亂石滿布的山頭，可以清楚看見山下露薏絲湖、愛格尼絲湖與鏡湖的全景，及周邊包括魔指山、冰河雪峰在內的大分水嶺群峰美景。

接著，從大蜂窩山山頭，重返愛格尼絲湖。再從愛格尼絲湖順小蜂窩山小徑，走1.6公里（25分鐘）的上坡路段，登上小蜂窩山山頂。從小蜂窩山山頂，可以清楚看見對面大蜂窩山、山腳下露薏絲湖、遠方公路，及周邊大分水嶺群峰美景。包括愛格尼絲湖健行路徑在內的露薏絲湖岸北邊數條健行路徑，是一個循環路線，都有各個銜接小徑互連相通。在露薏絲湖湖岸北邊的循環路線健行，無須原路返回健行起點。

六冰河平原循環健行小徑
Plain of Six Glaciers Trail

路線 11

方位	露薏絲湖地區
困難度	適中
出發點標高	1730 公尺（5674 英呎）
最高點標高	2195 公尺（7200 英呎）
標高差	465 公尺（1525 英呎）
往返距離	13.8 公里（8.6 英哩）
所需時間	4 小時（3 小時到 Tea House）
地圖	參見 71、72 頁

» 駕車前往健行路徑起點的路線、距離一覽表

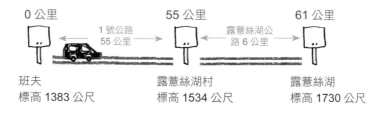

0 公里	55 公里	61 公里
班夫 標高 1383 公尺	露薏絲湖村 標高 1534 公尺	露薏絲湖 標高 1730 公尺

1 號公路 55 公里　　露薏絲湖公路 6 公里

» 徒步前往健行路徑目的地的景點、距離一覽表

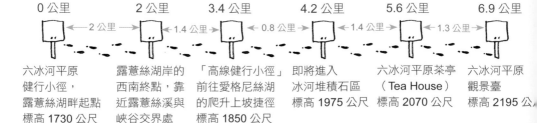

0 公里	2 公里	3.4 公里	4.2 公里	5.6 公里	6.9 公里
六冰河平原健行小徑，露薏絲湖畔起點 標高 1730 公尺	露薏絲湖岸的西南終點，靠近露薏絲溪與峽谷交界處	「高線健行小徑」前往愛格尼絲湖的爬升上坡捷徑 標高 1850 公尺	即將進入冰河堆積石區 標高 1975 公尺	六冰河平原茶亭（Tea House） 標高 2070 公尺	六冰河平原觀景臺 標高 2195 公

2 公里　　1.4 公里　　0.8 公里　　1.4 公里　　1.3 公里

　　六冰河平原健行小徑，是露薏絲湖周邊健行路徑當中，非常受遊客喜愛的著名健行路線。從露薏絲湖畔的北岸起點出發，可以經由愛格尼絲湖、鏡湖、大蜂窩山……健行小徑，前往六冰河平原。也可以選擇經由露薏絲湖北面湖岸與峽谷路線，前往六冰河平原。

　　在六冰河平原健行小徑的艱辛山崖爬坡路段，請留心關注石堆間的土撥鼠、路旁的火紅草花，並觀賞周遭群山、雪峰與冰河美景。

路線 12 美景山山頂健行小徑
Mountain Fairview Summit Trail

方位	露薏絲湖地區
困難度	高等
出發點標高	1730 公尺（5674 英呎）
最高點標高	2744 公尺（9000 英呎）
標高差	1014 公尺（3326 英呎）
往返距離	10.6 公里（6.6 英哩）
所需時間	4～5 小時
地圖	參見 71、72 頁

» 駕車前往健行路徑起點的路線、距離一覽表

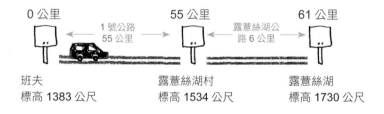

» 徒步前往健行路徑目的地的景點、距離一覽表

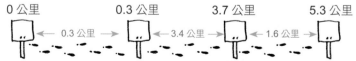

▲ 在美景山頂峰,遠眺山下露薏絲湖
　與大分水嶺群山的美妙景致。

◀ 經過一個小時艱辛的攀爬,終於登
　上美景山頂峰。

　　美景山健行小徑的起點不在北岸,而是在露薏絲湖畔的南岸。

　　出發後不久,在0.3公里的地方,會遇到一處分道路口:在分道口右轉,前行1公里,將抵達一處瞭望臺,在此可觀賞瞭望臺下方100公尺的露薏絲湖。

　　在分道口靠左走,才是繼續往「美景山╱天堂谷健行小徑」的正確途徑。接下來都是連續上坡路段,時緩時陡,1小時後,可到達一處夏季野花盛開的高山草原,以及入秋後金黃遍野的落葉松林。

　　再走25分鐘,在3.7公里處,抵達美景山交叉路口,開始直線攻頂。美景山攻頂小徑,全為細沙、碎石的陡峭山路,相當艱辛危險,要使用登山杖並穿有防滑功能的登山靴,以保安全。

路線 13 安慰湖健行小徑
Consolation Lakes Trail

方位	露薏絲湖及莫連冰河湖地區
困難度	一般
出發點標高	1885 公尺（6183 英呎）
最高點標高	1945 公尺（6380 英呎）
標高差	66 公尺（216 英呎）
往返距離	6 公里（3.8 英哩）
所需時間	2 小時
地圖	參見 57、72 頁

» 駕車前往健行路徑起點的路線、距離一覽表

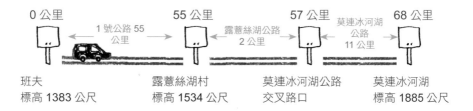

» 徒步前往健行路徑目的地的景點、距離一覽表

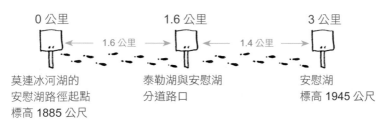

　　安慰湖健行小徑，是莫連冰河湖周遭非常受遊客喜愛的著名健行路線，從莫連冰河湖畔百來公尺高的圓石堆旁出發。此行將行經大灰熊棲息覓食的茂密森林與開闊谷地，健行者請參考前文的護熊須知，並請遵循國家公園的建議，4人以上結伴同行，以保自身安全！（護熊須知相關文字，參見83頁）

　　在1.6公里的地方，來到一處分道路口：左行向北的路線，繞過全景山脊，可以前往泰勒湖；靠右，才是繼續走向安慰湖的正確途徑。持續再走1.4公里的緩坡，可以抵達由山頭冰河覆蓋的雙齒山與四方山，以及亂石環繞的美麗雙湖——安慰湖。

　　遠離了車馬喧嘩、人聲鼎沸的莫連冰河湖，第一眼瞧見這兩座高山湖泊，我真切地感受到一種與世無爭的寧靜安逸。一瞬間，煩惱不再，整個心靈彷彿在此地獲得撫慰。「安慰湖」之名，實在非常貼切。如果您仍然吹毛求疵地嫌棄眼前這座低湖，遊客還是多了些，可以繼續謹慎前行（多巨石且濕滑，請特別小心），到後方的高湖探訪。

落葉松山谷及哨兵隘口健行小徑
Larch Valley & Sentinel Pass Trail

方位	露薏絲湖及莫連冰河湖地區
困難度	高等
出發點標高	1885 公尺（6183 英呎）
最高點標高	2611 公尺（8564 英呎）
標高差	726 公尺（2381 英呎）
往返距離	11.6 公里（7.3 英哩）
所需時間	6～7 小時
地圖	參見 72 頁

» 駕車前往健行路徑起點的路線、距離一覽表

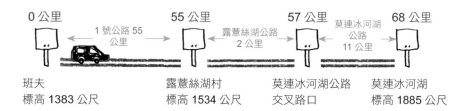

0 公里　　　　　　　　　55 公里　　　　　　　57 公里　　　　　　　68 公里

1 號公路 55 公里　　　露薏絲湖公路 2 公里　　莫連冰河湖公路 11 公里

班夫　　　　　　　　　露薏絲湖村　　　　　　莫連冰河湖公路　　　　莫連冰河湖
標高 1383 公尺　　　　標高 1534 公尺　　　　交叉路口　　　　　　　標高 1885 公尺

» 徒步前往健行路徑目的地的景點、距離一覽表

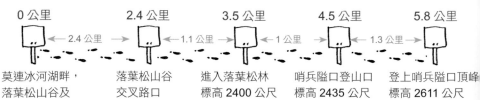

0 公里　　　　　　　2.4 公里　　　　　3.5 公里　　　　　4.5 公里　　　　　5.8 公里

←2.4 公里→　　←1.1 公里→　　←1 公里→　　←1.3 公里→

莫連冰河湖畔，　　　落葉松山谷　　　　進入落葉松林　　　哨兵隘口登山口　　登上哨兵隘口頂峰
落葉松山谷及　　　　交叉路口　　　　　標高 2400 公尺　　標高 2435 公尺　　標高 2611 公尺
哨兵隘口健行小徑　　標高 2245 公尺
起點標高 1885 公尺

　　落葉松山谷及哨兵隘口健行小徑，是莫連冰河湖周遭非常受遊客喜愛的著名健行路線。

　　從莫連冰河湖湖畔出發，40分鐘後，在2.4公里處，到達落葉松山谷的交叉路口。在此分岔路口，開始區分為：「落葉松山谷及哨兵隘口」與「愛菲爾湖及溫奇納隘口」兩條路線。走右邊的「落葉松山谷及哨兵隘口健行小徑」，才是正確途徑。

　　再走1.1公里，進入落葉松林。隨即到達頂部的高山草原，可見「十峰」（Ten Peaks）的北面山坡。

繼續緩坡上行後，來到一處開闊的圓谷高地。（左頁最高峰為「尖峰山」，本頁畫面中間尖細凸起處為「哨兵岩峰」，而畫面最右側則為「天普山」）

▲ 被浮雲遮掩的「十峯」與山腳下的沉
　 睡雙湖。

◀ 挺拔獨立的哨兵岩峰。

　　繼續走約十分鐘，到達「沉睡湖」（Minnestimma Lakes）兩個小湖（史東尼印地安語，意為沉睡之水），準備攀上哨兵隘口的登山口。

　　從此處攀登至班夫國家公園最高登山路徑、海拔2611公尺的哨兵隘口，非常險峻！務必使用登山杖、穿登山靴，要注意落石，最好要有安全帽或護盔。

　　穿過哨兵隘口，就到了天普山山區，及尖峰山（Pinnacle Mountain）。在山頂高處，有一座造型獨特的獨立岩峰，看似纖細手指，又像挺拔站立的哨兵——Sentinel Peak。許多攀岩愛好者，非常喜歡攀登這座被稱做「哨兵」的獨立岩峰。在哨兵隘口的頂端，有十峰、尖峰山，及哨兵岩峰等絕佳景致。

路線 15　布久湖健行小徑
Bourgeau Lake Trail

方位	1 號公路班夫國家公園路段 班夫鎮西南方
困難度	哈維隘口——適中 布久山頂峰——高等
出發點標高	1401 公尺（4595 英呎）
最高點標高	2470 公尺（8102 英呎）哈維隘口 2931 公尺（9614 英呎）布久山頂峰
標高差	1069 公尺（3506 英呎）哈維隘口 1530 公尺（5018 英呎）布久山頂峰
往返距離	18.8 公里（11.8 英哩）哈維隘口往返 24 公里（15 英哩）布久山頂峰往返
所需時間	8～9 小時哈維隘口往返 9～10 小時布久山頂峰往返
地圖	參見 57 頁

» 駕車前往健行路徑起點的路線、距離一覽表

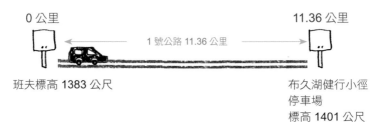

0 公里

11.36 公里

1 號公路 11.36 公里

班夫標高 1383 公尺

布久湖健行小徑
停車場
標高 1401 公尺

» 徒步前往健行路徑目的地的景點、距離一覽表

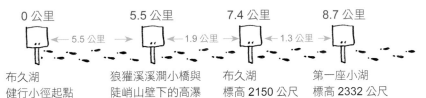

| 0 公里 | 5.5 公里 | 7.4 公里 | 8.7 公里 |

←— 5.5 公里 —→   ←—1.9 公里—→   ←—1.3 公里—→

布久湖
健行小徑起點
標高 1401 公尺

狼獾溪溪澗小橋與
陡峭山壁下的高瀑
標高 1850 公尺

布久湖
標高 2150 公尺

第一座小湖
標高 2332 公尺

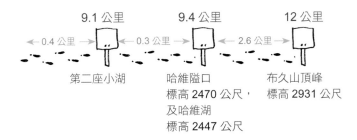

| 9.1 公里 | 9.4 公里 | 12 公里 |

←—0.4 公里—→   ←—0.3 公里—→   ←—2.6 公里—→

第二座小湖

哈維隘口
標高 2470 公尺，
及哈維湖
標高 2447 公尺

布久山頂峰
標高 2931 公尺

單向全長7.4公里的布久湖健行小徑，扣除沿途在狼獾溪溪澗小橋與陡峭山壁下的細小高瀑等地的休息停留時間，我只花了不到2小時就走到布久湖。在布久湖，可見海拔2931公尺的布久山。

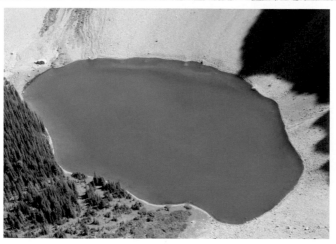

▲ 哈維湖

◀ 布久湖

侵蝕切割巨大山脈的冰河，雖然早已消融殆盡，但由冰河所造成的環丘圓谷，依然保留在山中的心臟地帶，成為孕育如明珠般亮麗的布久湖的搖籃。從懸掛山谷中陡峭的雪崩斜坡順勢而下的積雪，融解後灌注於布久湖中，同時也滋潤了湖岸邊茂盛豐富的野花。

　　體力充沛的登山客，離開布久湖之後，可以繼續走向更高海拔的哈維湖。先走上坡路段，經過遍地野花盛開的高山草原區，接著踏上非常陡峭的山路——並非健行步道，而是真正的細沙、碎石及岩塊的山路，相當危險，要小心慢行。

　　這一帶有不少馬蠅，喜叮咬人。我被馬蠅螫了幾下，迅即被扯下一小撮皮肉，相當疼痛，十分惱人。健行者要小心！在這段山路高處，可見山腳下的布久湖美妙全景。

　　費時35分鐘，終於越過山頭，抵達海拔2332公尺的第一座無名小湖。第一座無名小湖對面還有山口，先在此湖及濕地稍事停留再繼續前行。爬越陡峭山口後，只需7、8分鐘光景，即可成功登頂。回頭可見山下第一座無名小湖，及周遭群山美景。此處高地又有第二座無名小湖，可以休憩賞景。

　　繼續穿越更高的一處隘口——哈維隘口。經過8、9分鐘又一段艱辛陡峭的爬坡山路後，終於抵達另一個高地頂端，見到第三座美麗的「哈維湖」。東南方遠處可見山谷中的陽光村滑雪勝地、左側的布久山，及正前方班夫國家公園周邊最高峰、海拔3618公尺的阿西尼波音山。

　　繼續上行，往左側再走10分鐘，即可翻越山頭，看到近在眼前的布久山，與在其下方的布久湖美景。自此處起，腳程快、體力強、經驗足的**翻山越嶺**好手，還能再走2.6公里的危險山石路面，登上布久山山峰頂端。（**翻山越嶺**相關文字，參見24頁）

路線 16　紅地溪健行小徑 Redearth Creek Trail 前往影子湖與吉本隘口

方位	1 號公路班夫國家公園路段城堡山西南方
困難度	適中
出發點標高	1400 公尺（4592 英呎）
最高點標高	2300 公尺（7544 英呎）
標高差	900 公尺（2952 英呎）
往返距離	35 公里（21.9 英哩）
所需時間	10 ～ 12 小時
地圖	參見 57、162 頁

》 駕車前往健行路徑起點的路線、距離一覽表

0 公里　　　　　　　　　　　19.36 公里

← 1 號公路 19.36 公里 →

班夫標高 1383 公尺

紅地溪健行小徑停車場
標高 1400 公尺

● 經由紅地溪健行小徑，前往影子湖的出發地點，以 1 號公路東行至此比較順路。然而，西行車輛仍能從公路當中的護欄缺口，安全合法的左轉進入停車地點。

》 徒步前往健行路徑目的地的景點、距離一覽表

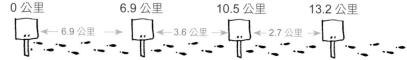

0 公里　　　　6.9 公里　　　　10.5 公里　　　　13.2 公里

← 6.9 公里 →　← 3.6 公里 →　← 2.7 公里 →

從紅地溪小徑停車
場前往影子湖的起
點標高 1400 公尺

過紅地溪木橋
西北岸抵達
失馬溪露營地

紅地溪／法老溪交叉路
口，單車在此處以後不
准通行標高 1740 公尺

影子湖木屋旅館
標高 1825 公尺

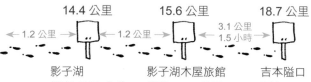

14.4 公里　　　　15.6 公里　　　　18.7 公里

← 1.2 公里 →　← 1.2 公里 →　3.1 公里
　　　　　　　　　　　　　　1.5 小時

影子湖
標高 1852 公尺

影子湖木屋旅館
標高 1825 公尺

吉本隘口
標高 2300 公尺

　　紅地溪健行小徑，起初的10.5公里，路面頗寬、坡度平緩，健行者與單車騎士皆能通行。在抵達不讓自行車進入的地區後，坡度明顯趨於陡峭，所幸10分鐘之後就逐漸緩和。我只用了不到4小時的時間，就抵達了影子湖木屋旅館。

　　從影子湖木屋旅館出發，前往影子湖（從旅館到湖畔，距離1.2公里）。15分鐘後，可抵達滿布冰河侵蝕切割遺痕，位於鮑爾山東坡下的影子湖。站立在影子湖東邊湖濱出口、湖水匯流為小溪的狹長木橋之上，雄偉壯闊的鮑爾山、湖面倒影與湖濱的絕佳美景，盡在眼前。令人讚嘆不已！

　　在影子湖休憩賞景之後，走原路回影子湖木屋旅館，再從此處的健行路徑起點，前往吉本隘口。吉本隘口小徑，一路全為陡峭上坡，十分艱辛。愈往高海拔處，愈多滿山遍野的各類花卉，猶如天然花園，十分搶眼，美不勝收！

　　從吉本隘口返回影子湖木屋旅館後，不用再去影子湖，直接由木屋旅館，走原路返回紅地溪健行小徑起點。

路線 17　海倫湖與凱瑟琳湖健行小徑
Helen Lake and Lake Katherine Trail

方位	93 號公路班夫國家公園路段烏鴉腳冰河東方地區
困難度	適中
出發點標高	1950 公尺（6400 英呎）
最高點標高	2500 公尺（8200 英呎）
標高差	550 公尺（1804 英呎）
往返距離	18 公里（11.25 英哩）
所需時間	6～7 小時
地圖	參見 85 頁

» 駕車前往健行路徑起點的路線、距離一覽表

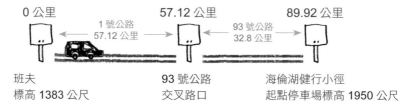

0 公里　　　　　　　　　　　57.12 公里　　　　　　　　　89.92 公里

1 號公路　57.12 公里　　　93 號公路　32.8 公里

班夫　　　　　　　　　　　93 號公路　　　　　　　　　海倫湖健行小徑
標高 1383 公尺　　　　　　交叉路口　　　　　　　　　起點停車場標高 1950 公尺

» 徒步前往健行路徑目的地的景點、距離一覽表

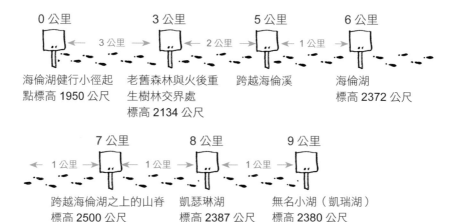

0 公里　　　　　　3 公里　　　　　　5 公里　　　　　　6 公里

3 公里　　　2 公里　　　1 公里

海倫湖健行小徑起　　老舊森林與火後重　　跨越海倫溪　　　海倫湖
點標高 1950 公尺　　生樹林交界處　　　　　　　　　　　標高 2372 公尺
　　　　　　　　　　標高 2134 公尺

7 公里　　　　　　8 公里　　　　　　9 公里

1 公里　　　1 公里　　　1 公里

跨越海倫湖之上的山脊　　凱瑟琳湖　　　　　無名小湖（凱瑞湖）
標高 2500 公尺　　　　　標高 2387 公尺　　　標高 2380 公尺

　　從海倫湖與凱瑟琳湖健行小徑起點的停車場出發，山路一路向上。起初50分鐘，全為雲杉與樅樹叢生的老舊森林，樹根盤根錯節，長至健行路徑之中，可見兩、三百年都沒有火災發生。50分鐘後，離開了300年的老林區，走至一處火後重生樹林，沿路開滿了火紅草花。

　　在上坡路途中，可見93號公路另側的烏鴉腳冰河，與山腳下的亮麗波湖。繞過圓谷峰（海拔2993公尺），走了1小時50分的上坡路後，抵達四周高山草原環繞、野花盛開的海倫湖。體力充沛的登山客，可以繼續前往凱瑟琳湖。

　　由海倫湖出發前往凱瑟琳湖相當艱辛，必須沿非常陡峭的爬坡路段，直上山頂。在這段陡峭山路，可見山腳下海倫湖的美妙全景。

凱瑞湖

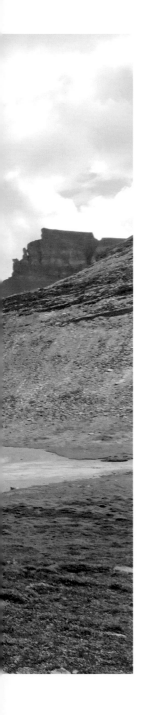

　　一旦成功攻頂，越過山頭高處後，可見到對面遠方山下的凱瑟琳湖（右上），以及更遠處一座碧綠亮麗的「無名小湖」。然而，還有一段相當難行的土石路要持續下行。25分鐘後，抵達凱瑟琳湖畔，還要繞過凱瑟琳湖的湖邊濕地高坡，才能前往無名小湖。

　　在接近無名小湖的前緣高地時，我遇到一位義大利裔的登山客與他的德國狼犬，還有另外一群從蚊子溪營地出發，已經露宿4天的露營客。他們異口同聲說，此一小湖確實無名。所以，我就放心大膽地將這座無名小湖，以我自己的名字命名。從此，加拿大洛磯山中，多了一座美麗的「凱瑞湖」。

　　記得，下次當您也與我一樣，歷盡千辛萬苦，抵達這座無名小湖時，請不要客氣，儘管推翻「凱瑞湖」這個名稱，改用您的大名為此湖命名。

　　因為您值得！

波冰河瀑布健行小徑
Bow Glacier Falls Trail

方位	93 號公路波隘口南方
困難度	一般
出發點標高	1940 公尺（6365 英呎）
最高點標高	2090 公尺（6850 英呎）
標高差	150 公尺（492 英呎）
往返距離	9.2 公里（5.8 英哩）
所需時間	2 小時 30 分鐘～4 小時
地圖	參見 85 頁

» 駕車前往健行路徑起點的路線、距離一覽表

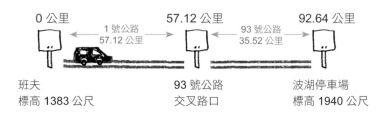

0 公里　　　　　　　　　　57.12 公里　　　　　　　　92.64 公里

　　　　　←　1 號公路　→　　　　　←　93 號公路　→
　　　　　　57.12 公里　　　　　　　35.52 公里

班夫　　　　　　　　　　　93 號公路　　　　　　　　波湖停車場
標高 1383 公尺　　　　　　交叉路口　　　　　　　　標高 1940 公尺

» 徒步前往健行路徑目的地的景點、距離一覽表

0 公里　　　　2.2 公里　　　　3.3 公里　　　　3.7 公里　　　　4.6 公里

　←2.2 公里→　　←1.1 公里→　　←0.4 公里→　　←0.9 公里→

波湖 Num-ti-jah　　波冰河瀑布　　峽谷與波冰河　　冰河堆積石地區　　波冰河瀑布
旅館波冰河瀑布　　融水溪流注　　小木屋分叉路口　　　　　　　　　　標高 2090 公尺
健行小徑起點　　　入波湖之處　　標高 1997 公尺
標高 1940 公尺

　　120年前，遊客想到波湖，可沒有什麼現代化汽車之類的交通工具，也缺乏93號公路的便捷大道，必須從露薏絲湖地區的拉岡火車站，走40公里真正的「馬」路（Horse Trail），才能抵達波湖。

　　然而，不論今昔，不管搭乘何種交通工具，只要來到波湖，唯一可以欣賞波湖附近美景的方式，仍然只有徒步健行一途。遊客可以沿波湖湖岸小徑，徜徉漫步，也可以走4.6公里長的健行路徑，到波河與波湖的共同源頭——波冰河瀑布。

　　波冰河瀑布健行小徑，起點在Num-ti-jah松貂湖濱旅館。先走2.2公里的環湖小徑，就能抵達波冰河瀑布的融水溪流，注入波湖之處。此地乃河床沖積沙洲，平坦易行，有時候可以看見乾枯河床的死魚，難怪湖面偶遇坐在橡皮圓椅浮艇內的釣客。

　　再走1.1公里，已到陡峭峽谷，開始此行的真正考驗。所幸，陡峭峽谷山路不長，小心慢行約200公尺，即至峽谷邊緣。此時逐漸進入冰河堆積石區，再走0.9公里，就可抵達傾瀉而下，高達150公尺的波冰河瀑布正下方。見此美景，一切辛勞當可拋諸腦後！

　　由於直接走至垂直高瀑的下端，角度的關係，絲毫看不見波冰河瀑布後面的我怕她冰原與波冰河，還有波冰河前緣的圓谷湖泊。如果您想觀賞到這些景致，可以從波冰河瀑布健行小徑3.3公里處的「峽谷分叉路口」左行，再走3.1公里就能到達最高點，海拔2440公尺的波冰河小木屋觀景。

路線 19　帕克山脊健行小徑
Parker Ridge Trail

方位	93 號公路哥倫比亞冰原旅遊休憩中心南方
困難度	適中
出發點標高	2010 公尺（6593 英呎）
最高點標高	2550 公尺（8364 英呎）
標高差	540 公尺（1771 英呎）
往返距離	4.8 公里（3 英哩）鞍部 11 公里（6.9 英哩）頂峰
所需時間	鞍部 2 小時 頂峰 4～5 小時
地圖	參見 85 頁

》駕車前往健行路徑起點的路線、距離一覽表

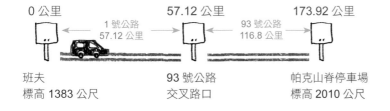

0 公里　　　　　　　57.12 公里　　　　　　　173.92 公里

1 號公路　　　　　　93 號公路
57.12 公里　　　　　116.8 公里

班夫　　　　　　　　93 號公路　　　　　　　帕克山脊停車場
標高 1383 公尺　　　交叉路口　　　　　　　標高 2010 公尺

》徒步前往健行路徑目的地的景點、距離一覽表

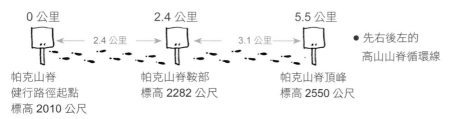

0 公里　　　　　　　2.4 公里　　　　　　　5.5 公里

2.4 公里　　　　　　3.1 公里

　　　　　　　　　　　　　　　　　　　● 先右後左的
　　　　　　　　　　　　　　　　　　　　高山山脊循環線

帕克山脊　　　　　　帕克山脊鞍部　　　　　帕克山脊頂峰
健行路徑起點　　　　標高 2282 公尺　　　　標高 2550 公尺
標高 2010 公尺

　　帕克山脊健行小徑，是加拿大洛磯
山區最受歡迎的健行步道之一。熱門原
因是：里程不長，可以近觀冰河與巍峨
群峰，同時，也可以看到對比鮮明的生
態環境。沿著這條長2.4公里的登高爬坡
步道，1小時左右的時間，可以抵達帕克
山脊健行小徑的終點——鞍部。

　　沿著山坡繼續上行，可以前往右側
稜線的最高點。而帕克山脊山頂左側，
更有絕佳的觀景路線。在帕克山脊的頂
峰，您可以享受到在別處無法欣賞到的
絕佳景致——薩斯喀其萬冰河壯觀的正
面全景。

寂靜鮮活的大自然戶外博物館

　　帕克山脊裸露的光禿山頂，是一片曝露於大氣中，任風吹掃的岩石、積雪與苔原地帶。它的氣候除了北國高山的因素之外，完全取決於附近的哥倫比亞大冰原。

　　這裡是一個強烈戲劇化對比的世界：既有幸得見細小美妙高山花卉的鮮活特寫，又能觀賞遼闊冷酷冰原、冰河的寂靜全貌。沿著小徑，經由英格曼雲杉、次高山樅與紅毯果雲杉林帶往高處走，隨著高度的遞增，樹林也逐漸稀疏，樹木亦相對矮小，終致在海拔約2100公尺處，進入「高山無樹地帶」，完全失去樹木的蹤跡。

　　除了樹木，沿途可見金梅草花、高山金鳳花，以及棉管草花等野生花卉植物。生存依附於植物之間的動物則有：小花栗鼠、哥倫比亞地洞松鼠、高山山羊等哺乳動物，以及白尾松雞、高山藍鳥、高山山雀等數種鳥類。

　　帕克山脊健行路徑的生態環境，是在歷經大自然洗禮且未遭人為破壞的情形下，才能如此豐富多樣、對比鮮明。

　　在沿著國家公園精心規畫的步道登高賞景同時，遊客更應保護順應惡劣天候，好不容易才生存下來的脆弱凍原表土與植物，不要在步道外的土地任意踐踏行走。一旦植物遭到破壞，表土隨即侵蝕流失，整個自然生態也就蕩然無存。

　　為了能使此一無法替代、寂靜鮮活的大自然戶外博物館，得以永久保存，世人責無旁貸，理應小心維護，用心關懷。

傑士伯國家公園‧經典健行路線

傑士伯國家公園健行地區包括：

1. 傑士伯鎮及周遭鄰近地區（含瑪林湖公路、黃頭公路沿線旅遊地區）。

2. 93A公路沿線旅遊地區。

3. 93號公路傑士伯國家公園路段沿線旅遊地區。

以下我為華人旅客，精選推薦13條傑士伯國家公園經典健行路線。

 路線 1

舊堡點健行小徑
Old Fort Point Trail

方位	傑士伯鎮城東
困難度	一般
出發點標高	1150 公尺（3772 英呎）
最高點標高	1280 公尺（4198 英呎）
標高差	130 公尺（426 英呎）
往返距離	3.6 公里（2.3 英哩）
所需時間	1 小時
地圖	參見 132 頁

» 駕車前往健行路徑起點的路線、距離一覽表

0 公里　　　　　　　　　　　　　　　　　　1.6 公里

傑士伯近郊路線 1.6 公里

傑士伯標高 1058 公尺

舊堡點停車場
標高 1150 公尺

» 徒步前往健行路徑目的地的景點、距離一覽表

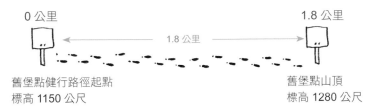

0 公里

1.8 公里

1.8 公里

舊堡點健行路徑起點
標高 1150 公尺

舊堡點山頂
標高 1280 公尺

1811年，主幹太平洋鐵路鋪設的前一百年，加拿大毛皮貿易時期著名的開拓先鋒大衛‧湯姆森就已經在今日傑士伯城東的舊堡點設立運補站。

如今，在這個具有歷史意義的舊堡點古蹟遺址附近，新建了一座跨越阿薩巴斯卡河的橋樑。在這個突出顯著，比阿薩巴斯卡河高130公尺的舊堡點岩盤山，可以登梯爬高，登頂賞景。

從舊堡點健行小徑終點的最高處，可以看見山腳下的阿薩巴斯卡河、美綠湖、伊蒂湖、安涅特湖、傑士伯小鎮，及周遭金字塔山等群山美景。

路線 2 美綠湖健行小徑
Lac Beauvert Trail

方位	傑士伯鎮近郊
困難度	一般
出發點標高	1120 公尺（3674 英呎）
最高點標高	1120 公尺（3674 英呎）
標高差	0 公尺
往返距離	3.9 公里（2.4 英哩）
所需時間	1 小時 30 分鐘～2 小時 30 分鐘
地圖	參見 130、132 頁

» 駕車前往健行路徑起點的路線、距離一覽表

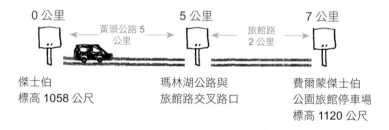

　　美綠湖湖畔，有世界級優美景致的高爾夫球場，及聞名於世的費爾蒙傑士伯公園旅館。在美綠湖景區，除了可以在湖中練習潛水、泛舟、划艇、踩腳踏船之外，還可以在湖濱全長3.9公里的環形健行小徑上漫步、騎單車或騎馬，享受沿岸的美麗風光。

路線 3　伊蒂湖與安涅特湖健行小徑
Lake Edith & Lake Annette Trail

方位	傑士伯鎮近郊
困難度	一般
出發點標高	1120 公尺（3674 英呎）
最高點標高	1120 公尺（3674 英呎）
標高差	0 公尺
往返距離	5 公里（3.1 英哩）
所需時間	2 小時
地圖	參見 130、132 頁

● 有關伊蒂湖與安涅特湖的介紹，請參閱前文 131 頁

» 駕車前往健行路徑起點的路線、距離一覽表

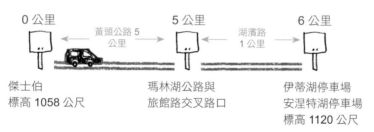

0 公里		5 公里		6 公里
	黃頭公路 5 公里		湖濱路 1 公里	
傑士伯 標高 1058 公尺		瑪林湖公路與 旅館路交叉路口		伊蒂湖停車場 安涅特湖停車場 標高 1120 公尺

派翠西亞湖與金字塔湖健行小徑
Patricia Lake & Pyramid Lake Trail

方位	傑士伯鎮近郊
困難度	一般
出發點標高	1120 公尺（3674 英呎）
最高點標高	1120 公尺（3674 英呎）
標高差	0 公尺
往返距離	7 公里（4.4 英哩）
所需時間	2 小時 30 分鐘
地圖	地圖參見 132 頁

● 有關派翠西亞湖與金字塔湖的介紹，請參閱前文 131 頁。

» 駕車前往健行路徑起點的路線、距離一覽表

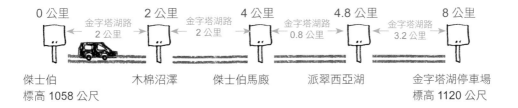

0 公里	金字塔湖路 2 公里	2 公里	金字塔湖路 2 公里	4 公里	金字塔湖路 0.8 公里	4.8 公里	金字塔湖路 3.2 公里	8 公里
傑士伯 標高 1058 公尺		木棉沼澤		傑士伯馬廄		派翠西亞湖		金字塔湖停車場 標高 1120 公尺

路線 5　惠斯勒山健行小徑
Whistlers Mountain Trail

方位	傑士伯鎮近郊
困難度	適中
出發點標高	1250 公尺（4100 英呎）
最高點標高	2469 公尺（8099 英呎）
標高差	1219 公尺（3999 英呎）
往返距離	19.4 公里（12.1 英哩）
所需時間	6〜8 小時
地圖	參見 132 頁

» 駕車前往健行路徑起點的路線、距離一覽表

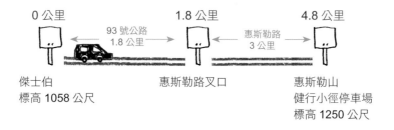

0 公里　　　　　　　　　　　1.8 公里　　　　　　　　　4.8 公里

93 號公路
1.8 公里　　　　　　惠斯勒路
　　　　　　　　　　3 公里

傑士伯　　　　　　　惠斯勒路叉口　　　　惠斯勒山
標高 1058 公尺　　　　　　　　　　　　　健行小徑停車場
　　　　　　　　　　　　　　　　　　　　標高 1250 公尺

» 徒步前往健行路徑目的地的景點、距離一覽表

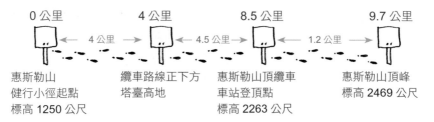

0 公里　　　　　4 公里　　　　　8.5 公里　　　　　9.7 公里

4 公里　　　4.5 公里　　　1.2 公里

惠斯勒山　　　　　纜車路線正下方　　惠斯勒山頂纜車　　　惠斯勒山頂峰
健行小徑起點　　　塔臺高地　　　　　車站登頂點　　　　　標高 2469 公尺
標高 1250 公尺　　　　　　　　　　　標高 2263 公尺

圖中右側山峰處即是惠斯勒山山頂纜車站。　　　　圖中最左側山峰，土壤顏色偏淺處即是金字塔山。

　　您如果不想搭乘纜車，也可以另外從惠斯勒山山腳下徒步走上山頂。從惠斯勒山健行小徑起點出發，穿越連續上坡密林區，45分鐘後，來到一處山石崩落所堆積而成的亂石堆，可見山下傑士伯小鎮、金字塔山、美綠湖……及背後惠斯勒山的山頂纜車車站。

　　再持續上行，1小時45分鐘後，經過一處秋意甚濃的紅葉高地，我登山當日雖然只是8月下旬，但是位居北緯53度，高海拔的惠斯勒山，秋天已經悄然降臨。自此地以後，只須再爬10分鐘的陡峭山路，便能登上惠斯勒山的山頂纜車車站。

　　若再從山頂纜車車站健行小徑，走30分鐘距離不算太長的陡峭山路，可以抵海拔2469公尺的惠斯勒山頂峰。

　　體力充沛的登山客，可以由惠斯勒山頂峰，繼續翻山越嶺，前往海拔2720公尺的印地安山脊。

惠斯勒山登山纜車海拔高度一覽簡表

山下纜車車站1258公尺 / 4127英呎
山頂纜車車站2263公尺 / 7424英呎
兩站標高落差1005公尺 / 3297英呎
惠斯勒山頂峰2469公尺 / 8099英呎

 路線 6 　瑪林峽谷健行小徑
Maligne Canyon Trail

方位	瑪林湖公路起點
困難度	一般
出發點標高	1150 公尺（3772 英呎）
最高點標高	1250 公尺（4110 英呎）
標高差	100 公尺（328 英呎）
往返距離	7.4 公里（4.6 英哩）
所需時間	2 小時 15 分鐘～ 2 小時 55 分鐘

» 駕車前往健行路徑起點的路線、距離一覽表

黃頭公路與瑪林湖公路交叉路口出
發（此處距離黃頭公路與 93A 公路
交叉路口 5 公里）標高 1115 公尺

瑪林峽谷第六橋
停車場標高 1150 公尺

» 徒步前往健行路徑目的地的景點、距離一覽表

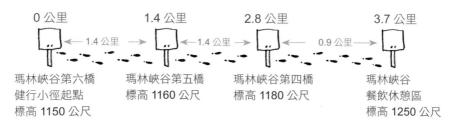

瑪林峽谷第六橋
健行小徑起點
標高 1150 公尺

瑪林峽谷第五橋
標高 1160 公尺

瑪林峽谷第四橋
標高 1180 公尺

瑪林峽谷
餐飲休憩區
標高 1250 公尺

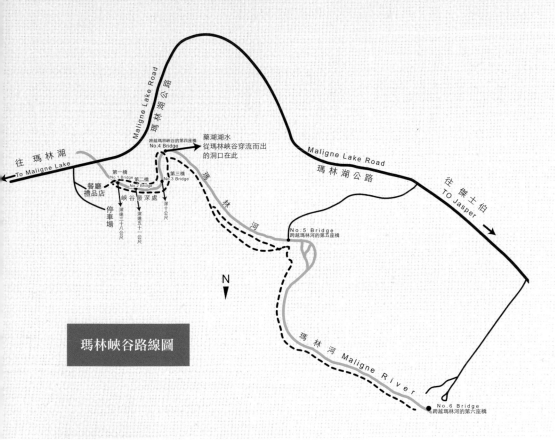

瑪林湖公路 Maligne Lake Road

往 瑪林湖
To Maligne Lake

跨越瑪林峽谷的第四座橋
No.4 Bridge

藥湖湖水
從瑪林峽谷穿流而出
的洞口在此

第一橋 第二橋
No.1 Bridge No.2 Bridge
第三橋
No.3 Bridge

餐廳
禮品店

峽谷最深處

深十公尺

停車場

深達三十八公尺
深達五十二公尺

瑪林湖公路
Maligne Lake Road

往 傑士伯
TO Jasper

N

No.5 Bridge
跨越瑪林河的第五座橋

瑪林河 Maligne River

瑪林峽谷路線圖

No.6 Bridge
跨越瑪林河的第六座橋

瑪林峽谷最深的地方達51公尺。沿著由
瑪林河侵蝕切割而成的峽谷健行路徑，從
第6橋出發，逆流而上，走過5座橋，再
度體會水的侵蝕威力。

路線 7 禿頂山嶺健行小徑
Bald Hills Trail

方位	瑪林湖周遭健行路徑
困難度	適中
出發點標高	1690 公尺（5543 英呎）
最高點標高	2320 公尺（7610 英呎）
標高差	630 公尺（2066 英呎）
往返距離	12.6 公里（7.9 英哩）
所需時間	4～6 小時

» 駕車前往健行路徑起點的路線、距離一覽表

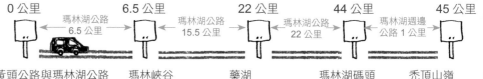

» 徒步前往健行路徑目的地的景點、距離一覽表

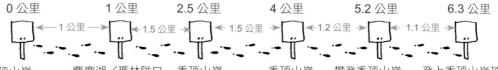

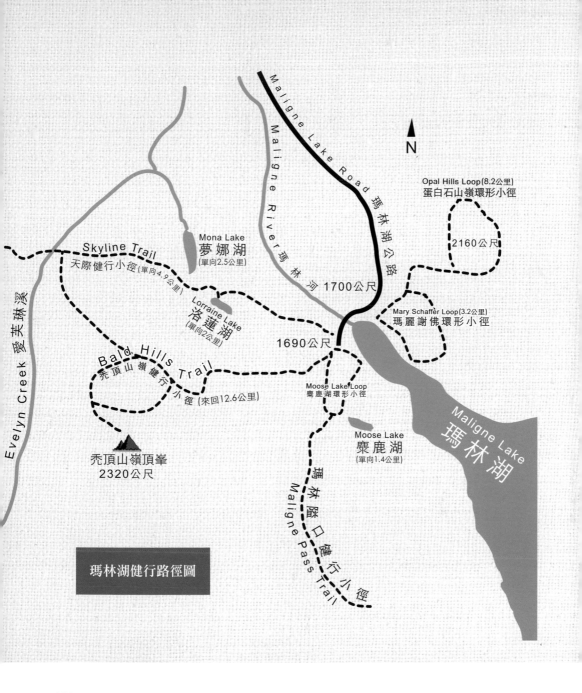

瑪林湖健行路徑圖

　　瑪林湖，長28公里，水深達96公尺，是加拿大洛磯的最大湖泊，也是愛爾
伯她省最深的湖泊之一。這個曾令19世紀的探勘者既頭痛又腳痛的死路胡同，
如今卻是令現代人心曠神怡的旅遊勝地！

當您安全踏上禿頂山嶺的頂峰，親眼目睹山腳下瑪林湖與周邊多個小湖，還有群山美景時，心靈所獲得的快慰與震撼，足以撫平身體與雙腳的任何疲累與痠痛。

　　禿頂山嶺健行小徑，是瑪林湖周遭非常受遊客喜愛的著名健行路線。出發一開始是持續的上行緩坡，35分鐘後，走到禿頂山嶺交叉路口，面臨兩條上山的路線：一條是較為好走易行的緩坡，另一條則是難走許多的陡坡。我選擇走陡峭難行、具挑戰性的左行上坡小徑。

　　經過30分鐘的艱辛上行過程，來到了這段陡坡的一處開闊高地。但別高興得太早，尚未終了，還有緩坡……10分鐘後，終於到達這段陡峭山坡的頂端，開始在山脊平緩高地上行進。又過了20分鐘，這才走到開始攀登禿頂山嶺的起點。這一地帶全是細沙、碎石路面，最好要用登山杖並穿登山鞋。

肯尼湖健行小徑
Kinney Lake Trail

方位	黃頭公路 B.C. 省羅勃森山省立公園
困難度	一般
出發點標高	855 公尺（2804 英呎）
最高點標高	985 公尺（3231 英呎）
標高差	130 公尺（426 英呎）
往返距離	14 公里（8.75 英哩）
所需時間	4～5 小時

» 駕車前往健行路徑起點的路線、距離一覽表

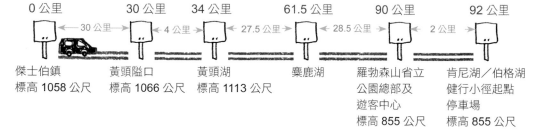

» 徒步前往健行路徑目的地的景點、距離一覽表

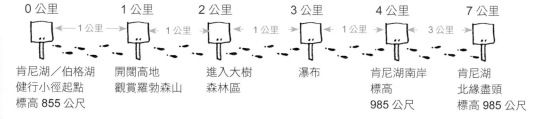

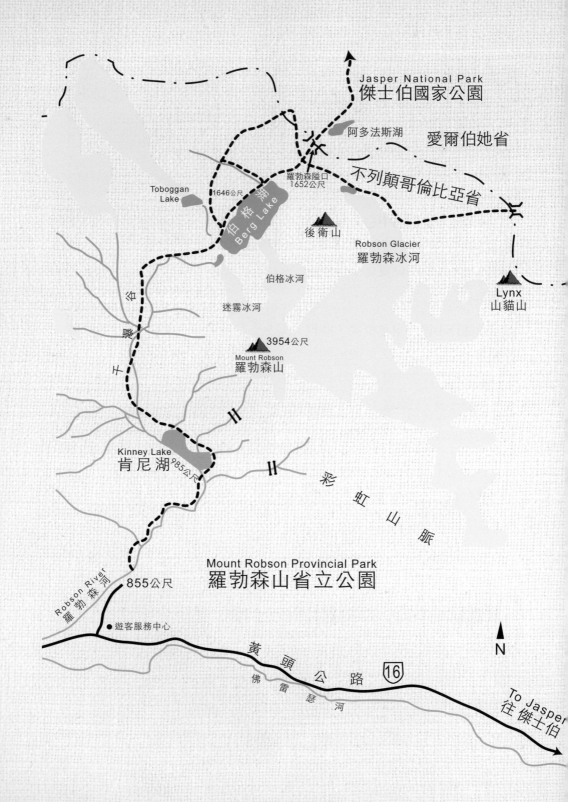

Jasper National Park
傑士伯國家公園

阿多法斯湖

愛爾伯她省

羅勃森隧口
1652公尺

不列顛哥倫比亞省

Toboggan
Lake

1646公尺

伯格湖
Berg Lake

後衛山

Robson Glacier
羅勃森冰河

Lynx
山貓山

伯格冰河

迷霧冰河

千瀑谷

3954公尺

Mount Robson
羅勃森山

彩虹山脈

Kinney Lake
肯尼湖 985公尺

Mount Robson Provincial Park
羅勃森山省立公園

Robson River
羅勃森河

855公尺

遊客服務中心

黃頭公路 16

佛雷瑟河

N

To Jasper
往 傑士伯

羅勃森山海拔3954公尺，這座加拿大洛磯山脈第一高峰，並不在聯邦政府闢建的4大國家公園內，而是由B.C.省將其規畫於羅勃森山省立公園之中加以維護。從傑士伯鎮出發，沿黃頭公路西行，約1小時30分鐘的車程，可抵羅勃森山省立公園的遊客服務中心。再由公園遊客服務中心旁的土石路，開車兩公里，抵達肯尼湖／伯格湖健行小徑停車場。

　　肯尼湖健行小徑，景色優美，路徑不長，同時還能觀賞加拿大洛磯山脈最高峰，是羅勃森山省立公園周邊非常受遊客喜愛的著名路線。

　　出發沿著羅勃森河一路前行，經過一段沒有視野阻隔的開闊高地，不久，就走進紅杉等巨樹林立的龐大濃密森林。

回程時，在沒有視野阻隔的開闊高地，再次觀賞巍峨高聳、白雪覆蓋的雄偉高峰——羅勃森山。

　　沿途緩坡易行，可以看見有關單位特別為遊客設立，與周遭整體生態環節有關聯的牌示，生動有趣，特別引人注目。

　　在肯尼湖健行小徑4公里處，抵達肯尼湖的南岸。遊人可沿著肯尼湖畔，徜徉漫步，欣賞羅勃森山與肯尼湖北岸高山映在湖中的美妙倒影。繼續環湖前行3公里，可抵肯尼湖健行小徑的肯尼湖北緣盡頭。

路線 9　伊蒂卡維爾山健行小徑
Mountain Edith Cavell Trails

方位	93 號替換公路過濾湖西北方
困難度	適中
出發點標高	1765 公尺（5789 英呎）
最高點標高	2288 公尺（7505 英呎）
標高差	523 公尺（1715 英呎）
往返距離	7.7 公里（4.8 英哩）
所需時間	冰河步道 1～2 小時 卡維爾草原 3～5 小時

》駕車前往健行路徑起點的路線、距離一覽表

0 公里	7.52 公里	12.64 公里	24.84 公里	26.64 公里
傑士伯 標高 1058 公尺	93A 公路叉口	伊蒂卡維爾山 道路叉口	同肯小徑交叉路口 標高 1730 公尺	伊蒂卡維爾山 景點停車場 標高 1762 公尺

93 號公路 7.52 公里　93A 公路 5.12 公里　伊蒂卡維爾山道路 12.2 公里　伊蒂卡維爾山道路 1.8 公里

》徒步前往健行路徑目的地的景點、距離一覽表

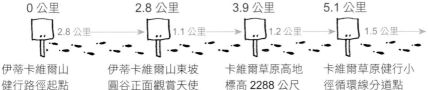

0 公里	2.8 公里	3.9 公里	5.1 公里
伊蒂卡維爾山 健行路徑起點 標高 1762 公尺	伊蒂卡維爾山東坡 圓谷正面觀賞天使 冰河標高 2119 公尺	卡維爾草原高地 標高 2288 公尺	卡維爾草原健行小 徑循環線分道點

2.8 公里　1.1 公里　1.2 公里　1.5 公里

6.6 公里	6.9 公里	7.7 公里
冰河步道環形 小徑與卡維爾 草原分叉路口	卡維爾池	伊蒂卡維爾山健行路徑起 點停車場標高 1762 公尺

0.3 公里　0.8 公里

● 此健行路線為循環路徑，無須原路往返。

伊蒂卡維爾山以高度、氣勢、懸掛冰河、冰河湖泊與高山草原，聞名於世。

● 有關伊蒂卡維爾山與卡維爾湖的介紹，請參閱前文 **123**、**127** 頁。

　　想從不同的距離、角度、方位與高度觀賞這座雄偉大山，須由伊蒂卡維爾山道路終點停車場前的兩條健行小徑出發。

　　先走「卡維爾草原健行小徑」，沿著這條長達6.1公里的環形小徑，爬高400公尺，來到伊蒂卡維爾山東面山坡的寬闊谷地。在這個次高山草原地區，可以正面觀賞天使冰河，及這座日漸退化的高山冰河，在伊蒂卡維爾山東壁切、鑿、削、挖出圓谷的實景。

　　從卡維爾草原這處高地下山後，轉往「冰河步道環形小徑」。

是誰謀殺了我的菲林？

有一次，我在清晨6時30分抵達同肯小徑停車場，與Kay和Shinobu兩位同行者一起走向卡維爾湖。不料，就在即將進入湖區前的一個彎道，忽然看見30公尺開外有1隻年輕的灰熊。

人與熊，皆被這突如其來、毫無預警的不期而遇給震懾住！所幸，3比1，人類的氣場，顯然遠遠強大過灰熊，嚇得灰熊撒腿就跑、落荒而逃，一度還試圖爬上一顆樅樹。但灰熊畢竟不如黑熊那般能夠爬樹，隨即摔落地面，狂奔逃竄入卡維爾湖湖邊森林中。就在這一瞬間，3人才想到，趕緊拿起相機，用鏡頭射向（Shoot）灰熊。秒殺的結果，並未得到好照片。

可嘆，這頭半路竄出的程咬金，謀殺了我的菲林！

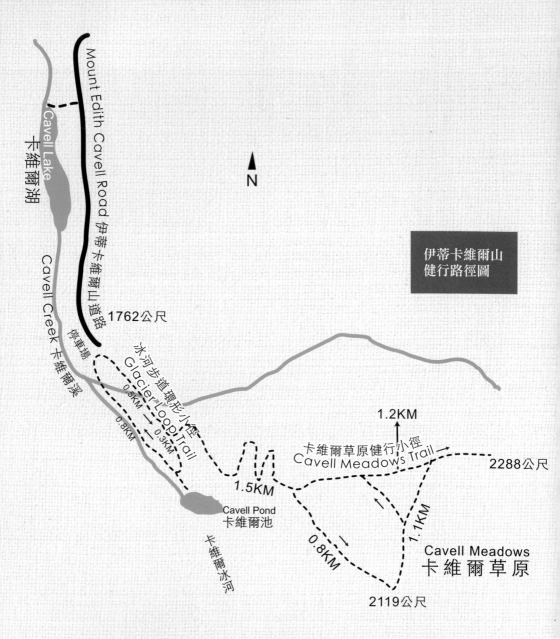

卡維爾湖 Cavell Lake

Mount Edith Cavell Road 伊蒂卡維爾山道路

Cavell Creek 卡維爾溪

停車場

1762公尺

冰河步道環形小徑 Glacier Loop Trail

0.5KM

0.8KM

0.3KM

N

伊蒂卡維爾山
健行路徑圖

1.2KM

卡維爾草原健行小徑
Cavell Meadows Trail

2288公尺

1.5KM

Cavell Pond
卡維爾池

1.1KM

0.8KM

卡維爾冰河

Cavell Meadows
卡維爾草原

2119公尺

Angel Glacier
天使冰河

Mountain Edith Cavell
伊蒂卡維爾山
3367公尺

遊客可以輕易走到天使冰河下端的融解湖
卡維爾池之前，親手觸摸浮冰。

路線 10　河谷系列 5 湖健行小徑
Valley of the Five Lakes Trail

方位	93 號公路傑士伯國家公園路段（馬蹄湖北方）
困難度	一般
出發點標高	1080 公尺（3542 英呎）
最高點標高	1128 公尺（3700 英呎）
標高差	48 公尺（157 英呎）
往返距離	4.3 公里（2.7 英哩）
所需時間	2 小時 ~3 小時
地圖	參見 104 頁

» 駕車前往健行路徑起點的路線、距離一覽表

0 公里　　　　　　　　　　　　　　　9.6 公里

93 號公路 9.6 公里

傑士伯
標高 1058 公尺

河谷系列五湖停車場
標高 1080 公尺

» 徒步前往健行路徑目的地的景點、距離一覽表

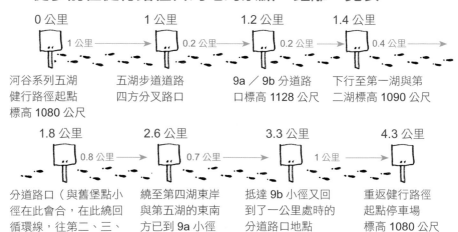

0 公里　　　　　1 公里　　　　　1.2 公里　　　　　1.4 公里

1 公里　　　　0.2 公里　　　　0.2 公里　　　　0.4 公里

河谷系列五湖
健行路徑起點
標高 1080 公尺

五湖步道道路
四方分叉路口

9a ／ 9b 分道路
口標高 1128 公尺

下行至第一湖與第
二湖標高 1090 公尺

1.8 公里　　　　2.6 公里　　　　3.3 公里　　　　4.3 公里

0.8 公里　　　　0.7 公里　　　　1 公里

分道路口（與舊堡點小
徑在此會合，在此繞回
循環線，往第二、三、
四湖方向行進）

繞至第四湖東岸
與第五湖的東南
方已到 9a 小徑

抵達 9b 小徑又回
到了一公里處時的
分道路口地點

重返健行路徑
起點停車場
標高 1080 公尺

● 此健行路線為循環路徑，無須原路往返。

第一湖

　　河谷系列5湖，位居阿薩巴斯卡河谷谷地的東端。

　　全長4.3公里的谷底環形健行小徑，先穿越較為乾燥的樹林，再抵達湖邊。種類與數量皆多的花卉草木，吸引了許多的水鳥、松鼠與麋鹿等各類野生動物。

　　從起點出發後，走10分鐘的林間小路，到達木橋，開始下坡，很快就能走到5湖步道的道路四方分叉路口：右行是去瓦巴叟湖（Wabasso Lake）的路徑。上行走9a／9b兩條小徑去5湖。左行雖是去舊堡點，但是途中有叉路轉接至5湖。

　　上行與左行兩條前往河谷系列5湖的路線，以上行路線較為省時。由上行路徑只要走200公尺，就可抵達9a／9b小徑分道路口。

　　我建議旅客先往左行走9b小徑，前往第1湖，再走循環線經9a返回其餘4湖。最好一大清早抵達，可以拍攝朝霞、霧氣與湖中倒影，沿路再慢慢欣賞5湖。

　　河谷系列5湖，以第1湖最長，第5湖次之，中間2、3、4湖，皆為尺寸相當的小湖。因為每一個湖的深淺不同，導致5湖各有不同的藍綠色調。

● 瓦巴叟（Wabasso），史東尼印地安語，意為兔子。

公鹿湖健行小徑
Buck Lake Trail

方位	93 號公路傑士伯國家公園路段三瓦塔瀑布北方
困難度	一般
出發點標高	1100 公尺（3608 英呎）
最高點標高	1100 公尺（3608 英呎）
標高差	0 公尺
往返距離	2.92 公里（1.83 英哩）
所需時間	45 分鐘
地圖	參見 104 頁

● 有關公鹿湖與鸊鳥湖的介紹，請參閱前文 111 頁。

» 駕車前往健行路徑起點的路線、距離一覽表

» 徒步前往健行路徑目的地的景點、距離一覽表

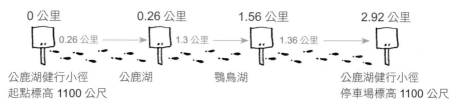

● 此健行路線為循環路徑，無須原路往返。

三瓦塔瀑布健行小徑
Sunwapta Falls Trail

方位	93 號公路傑士伯國家公園路段糾纏瀑布北方
困難度	一般
出發點標高	1200 公尺（3936 英呎）
最高點標高	1200 公尺（3936 英呎）
標高差	0 公尺
往返距離	4.06 公里（2.5 英哩）
所需時間	1 小時 30 分鐘
地圖	參見 103、104 頁

» 駕車前往健行路徑起點的路線、距離一覽表

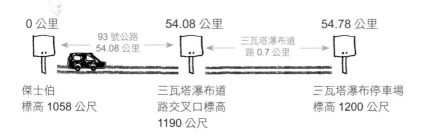

» 徒步前往健行路徑目的地的景點、距離一覽表

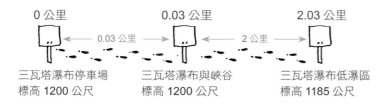

　　行車經由93號公路，北行至三瓦塔瀑布道路交叉路口，須轉入此路，再開0.7公里，就可抵達三瓦塔瀑布停車場。從停車場穿過立桿松林，僅約30公尺，即見峽谷與瀑布。峽谷兩側，皆可觀賞斷落兩層的三瓦塔瀑布。另外，有一條單向全長兩公里的健行小徑，可至低瀑區。

美麗溪健行小徑
Beauty Creek Trail

方位	93 號公路傑士伯國家公園路段三瓦塔隘口北方
困難度	一般
出發點標高	1100 公尺（3608 英呎）
最高點標高	1150 公尺（3772 英呎）
標高差	50 公尺（164 英呎）
往返距離	3.6 公里（2.2 英哩）
所需時間	1 小時
地圖	參見 104 頁

» 駕車前往健行路徑起點的路線、距離一覽表

0 公里

87.2 公里

93 號公路 87.2 公里

傑士伯
標高 1058 公尺

美麗溪健行小徑
停車地點標高 1100 公尺

» 徒步前往健行路徑目的地的景點、距離一覽表

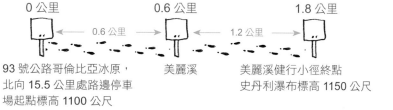

0 公里

0.6 公里

1.8 公里

0.6 公里

1.2 公里

93 號公路哥倫比亞冰原，
北向 15.5 公里處路邊停車
場起點標高 1100 公尺

美麗溪

美麗溪健行小徑終點
史丹利瀑布標高 1150 公尺

　　從這個93號公路路邊的狹小停車地點，順著步道走600公尺來到美麗溪。左轉溯溪而上，沿途可見多處溪澗小瀑，終點有最可觀的史丹利瀑布。這是一條相當受歡迎而且輕鬆易行的短程健行路徑。

優荷國家公園・經典健行路線

優荷國家公園健行地區，包括了1號公路優荷國家公園路段沿線與含蓋大分水嶺路沿線的旅遊地區。以下我為華人旅客，精選推薦5條優荷國家公園經典健行路線。

 路線 1
翡翠湖健行小徑
Emerald Lake Trail

方位	1 號公路優荷國家公園路段，翡翠湖路叉口
困難度	一般
出發點標高	1312 公尺（4303 英呎）
最高點標高	1312 公尺（4303 英呎）
標高差	0 公尺
往返距離	5 公里（3.1 英哩）
所需時間	2～3 小時
地圖	參見 145 頁

》駕車前往健行路徑起點的路線、距離一覽表

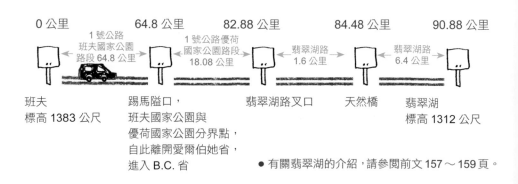

0 公里	64.8 公里	82.88 公里	84.48 公里	90.88 公里
	1 號公路班夫國家公園路段 64.8 公里	1 號公路優荷國家公園路段 18.08 公里	翡翠湖路 1.6 公里	翡翠湖路 6.4 公里
班夫標高 1383 公尺	踢馬隘口，班夫國家公園與優荷國家公園分界點，自此離開愛爾伯她省，進入 B.C. 省	翡翠湖路叉口	天然橋	翡翠湖標高 1312 公尺

● 有關翡翠湖的介紹，請參閱前文 157～159 頁。

我怕她瀑布健行小徑
Wapta Falls Trail

方位	1 號公路優荷國家公園路段，我怕她瀑布道路叉口
困難度	一般
出發點標高	1125 公尺（3690 英呎）
最高點標高	1185 公尺（3887 英呎）
標高差	60 公尺（197 英呎）
往返距離	4.8 公里（3 英哩）
所需時間	2 小時
地圖	參見 145 頁

» 駕車前往健行路徑起點的路線、距離一覽表

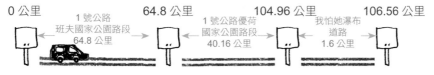

0 公里	64.8 公里	104.96 公里	106.56 公里
1 號公路 班夫國家公園路段 64.8 公里	1 號公路優荷 國家公園路段 40.16 公里	我怕她瀑布 道路 1.6 公里	

班夫
標高 1383 公尺

踢馬隘口，班夫國家公園與優荷國家公園分界點，自此離開愛爾伯他省，進入 B.C. 省

我怕她瀑布
道路交叉路口

我怕她瀑布健行小徑停車場標高 1125 公尺

» 徒步前往健行路徑目的地的景點、距離一覽表

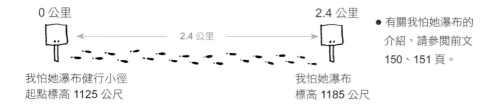

0 公里   2.4 公里

← 2.4 公里 →

我怕她瀑布健行小徑
起點標高 1125 公尺

我怕她瀑布
標高 1185 公尺

● 有關我怕她瀑布的介紹，請參閱前文 150、151 頁。

路線 3 胡堵土柱健行小徑
Hoodoos Trails

方位	1 號公路優荷國家公園路段，胡堵土柱溪露營地道路叉口
困難度	一般
出發點標高	1150 公尺（3772 英呎）
最高點標高	1250 公尺（4100 英呎）
標高差	100 公尺（328 英呎）
往返距離	3.2 公里（2 英哩）
所需時間	1 小時 30 分鐘
地圖	參見 145 頁

» 駕車前往健行路徑起點的路線、距離一覽表

0 公里　　　　　　　　　64.8 公里　　　　　102.88 公里　　　　103.58 公里

1 號公路
班夫國家公園路段
64.8 公里

1 號公路優荷
國家公園路段
38.08 公里

胡堵土柱溪
露營地道路
0.7 公里

班夫
標高 1383 公尺

踢馬隘口，班夫國家公
園與優荷國家公園分界
點，自此離開愛爾伯她
省，進入 B.C. 省

胡堵土柱溪露營地
道路交叉路口

胡堵土柱溪露營地
標高 1150 公尺

» 徒步前往健行路徑目的地的景點、距離一覽表

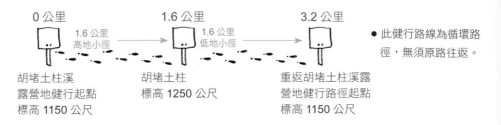

0 公里　　　　　　　　1.6 公里　　　　　　　3.2 公里

1.6 公里
高地小徑

1.6 公里
低地小徑

● 此健行路線為循環路
　徑，無須原路往返。

胡堵土柱溪
露營地健行起點
標高 1150 公尺

胡堵土柱
標高 1250 公尺

重返胡堵土柱溪露
營地健行路徑起點
標高 1150 公尺

　　從1號公路，轉入胡堵土柱溪露營地道路叉路，開車行駛約6～700公尺，可以到達胡堵土柱溪露營地。從胡堵土柱溪露營地健行起點，沿著陡峭的環形小徑走至胡堵土柱，往返3.2公里。

　　在高地健行小徑與低地健行小徑，皆可得見介於伐克斯山（海拔3320公尺）與成思勒峰（海拔3280公尺）山谷間，一尊尊形似松鼠雕像，矗立河岸坡前的高大胡堵土柱土石堆。（胡堵土柱相關文字參見37頁）

大分水嶺路與羅斯湖健行小徑
The Great Divide Trail & Ross Lake Trail

方位	1 號公路優荷國家公園路段，大分水嶺路叉口
困難度	一般
出發點標高	1580 公尺（5182 英呎）
最高點標高	1810 公尺（5937 英呎）
標高差	230 公尺（754 英呎）
往返距離	9.8 公里（6.1 英哩）
所需時間	4 小時
地圖	參見 71、72、145 頁

» 駕車前往健行路徑起點的路線、距離一覽表

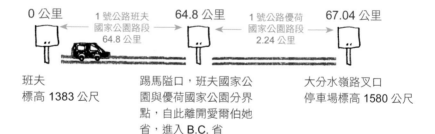

» 徒步前往健行路徑目的地的景點、距離一覽表

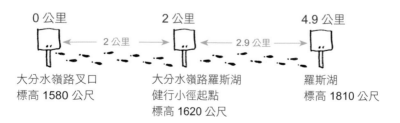

從1號公路與大分水嶺路叉口，可以轉接全長11公里的大分水嶺路。

大分水嶺路，在1號公路竣工以前，原本是露薏絲湖通往踢馬隘口的舊有道路。沿此舊路，東行兩公里，可以抵達羅斯湖健行小徑起點。再從羅斯湖健行小徑起點南下（右轉），走2.9公里，可至位居尼布勞克山（海拔2976公尺）與聖皮軟山（海拔2649公尺）崖壁下的山中小湖──羅斯湖。

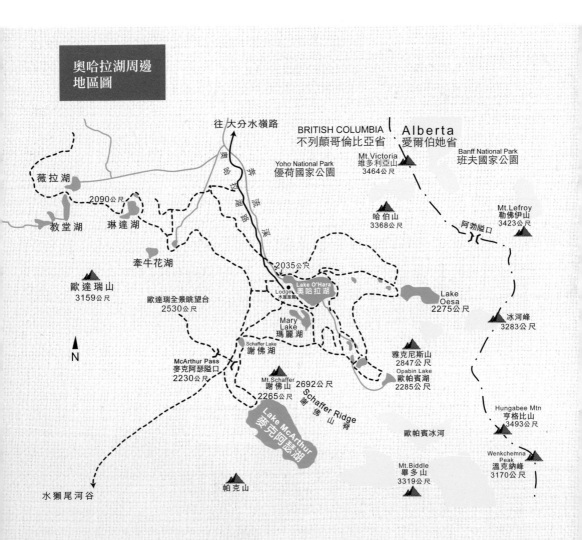

奧哈拉湖周邊
地區圖

往大分水嶺路

BRITISH COLUMBIA
不列顛哥倫比亞省

Alberta
愛爾伯她省

Banff National Park
班夫國家公園

Yoho National Park
優荷國家公園

Mt.Victoria
維多利亞山
3464公尺

薇拉湖

2090公尺

教堂湖

琳達湖

牽牛花湖

哈伯山
3368公尺

Mt.Lefroy
勒佛伊山
3423公尺

阿勃隘口

2035公尺

歐達瑞山
3159公尺

歐達瑞全景眺望台
2530公尺

Lodge
木屋旅館

Lake O'Hara
奧哈拉湖

Lake
Oesa
2275公尺

冰河峰
3283公尺

Mary
Lake
瑪麗湖

Schaffer Lake
謝佛湖

雅克尼斯山
2847公尺

McArthur Pass
麥克阿瑟隘口
2230公尺

Mt.Schaffer
謝佛山
2265公尺

2692公尺

Opabin Lake
歐帕賓湖
2285公尺

Hungabee Mtn
亨格比山
3493公尺

Schaffer Ridge
謝佛山脊

Lake McArthur
麥克阿瑟湖

歐帕賓冰河

Wenkchemna
Peak
溫克納峰
3170公尺

N

水獺尾河谷

帕克山

Mt.Biddle
畢多山
3319公尺

路線 5　奧哈拉湖路健行路徑與麥克阿瑟湖健行小徑
Lake O'Hara Road & Lake McArthur Trail

方位	1 號公路優荷國家公園路段，大分水嶺路叉口
困難度	適中
出發點標高	1580 公尺（5182 英呎）
最高點標高	2350 公尺（7709 英呎）
標高差	770 公尺（2527 英呎）
往返距離	34 公里（21.3 英哩）
所需時間	10 ～ 12 小時

» 駕車前往健行路徑起點的路線、距離一覽表

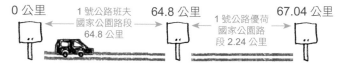

0 公里
　1 號公路班夫
　國家公園路段
　64.8 公里
64.8 公里
　1 號公路優荷
　國家公園路
　段 2.24 公里
67.04 公里

班夫
標高 1383 公尺

踢馬隘口，班夫國家公園與優荷國家公園分界點，自此離開愛爾伯她省，進入 B.C. 省

大分水嶺路叉口
停車場標高 1580 公尺

» 徒步前往健行路徑目的地的景點、距離一覽表

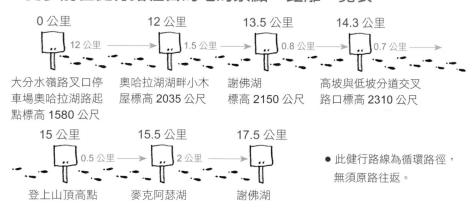

0 公里　　　　12 公里　　　　13.5 公里　　　14.3 公里
　12 公里 →　　1.5 公里 →　　0.8 公里 →　　0.7 公里 →

大分水嶺路叉口停車場奧哈拉湖路起點標高 1580 公尺　　奧哈拉湖湖畔小木屋標高 2035 公尺　　謝佛湖標高 2150 公尺　　高坡與低坡分道交叉路口標高 2310 公尺

15 公里　　　　15.5 公里　　　17.5 公里
　0.5 公里 →　　2 公里 →

登上山頂高點標高 2350 公尺　　麥克阿瑟湖標高 2265 公尺　　謝佛湖標高 2150 公尺

● 此健行路線為循環路徑，無須原路往返。

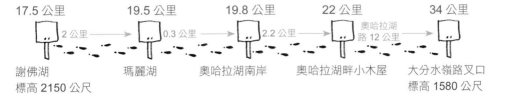

| 17.5 公里 | 19.5 公里 | 19.8 公里 | 22 公里 | 34 公里 |

謝佛湖
標高 2150 公尺

2 公里 →

瑪麗湖

0.3 公里 →

奧哈拉湖南岸

2.2 公里 →

奧哈拉湖畔小木屋

奧哈拉湖
路 12 公里 →

大分水嶺路叉口
標高 1580 公尺

● 此健行路線為循環路徑，無須原路往返。

　　從1號公路與大分水嶺路叉口，可以轉接大分水嶺路。旅客可以由大分水嶺路叉口，轉往奧哈拉湖路。

　　奧哈拉湖路，單向全長12公里，不允許開車或騎單車進入，只能徒步前往，或是搭乘國家公園提供的付費公共接駁巴士進入湖區。

　　公共接駁巴士每年在6月中旬至9月底或10月初這段期間營運，每日僅能載送有限的旅客，須提早訂位，以免向隅。

奧哈拉湖西南岸

奧哈拉湖路，原本是滅火消防道路（Fire Road），不僅寬闊，而且多為上行緩坡，易行好走。因此，縱使沒有訂到公共接駁巴士，徒步健行12公里，3小時就能抵達奧哈拉湖湖畔的小木屋。置身奧哈拉湖畔，徜徉漫步、賞景休憩享受它自然天成的絕世美景。此外，更可沿多條健行小徑前往奧哈拉湖鄰近地區尋幽攬勝，其中經由謝佛湖前往麥克阿瑟湖的健行小徑是最受歡迎的路線之一。

　　一路持續上坡，費時30分鐘就能到達謝佛湖。

　　從謝佛湖通往麥克阿瑟湖，是一條分為高坡與低坡的循環路線，我選擇先苦後甘，走陡峭難行的上坡小徑。在陡坡行進了35分鐘，終於踏上山頂，看到山谷中亮麗絕倫的麥克阿瑟湖。從這個海拔2350公尺的山頂瞭望高點，還要再走15分鐘，才會到麥克阿瑟湖岸。

奧哈拉湖南岸

麥克阿瑟湖

　　此時，我找了一塊自認具有絕佳觀湖角度的湖畔巨石，與同伴坐在大石頭上，凝視優荷國家公園最深邃的晶瑩蔚藍湖水（水深85公尺），與湖岸北面海拔3319公尺的畢多山山巔圓谷中的懸掛冰河。在慢慢品嘗自備午餐的同時，更細細品味眼前天地間之精華，所帶給我的心靈震撼，令我滿足、讓人陶醉。最後對著湛藍的湖水，輕聲拋下一句：「我一定還會再回來！」依依不捨地告別了麥克阿瑟湖。

　　離開麥克阿瑟湖，要順著來時路重返謝佛湖。但是從謝佛湖返回奧哈拉湖，可以不必走原路，另有其他選擇。我選擇走「大落葉松林區健行小徑」，經由瑪麗湖，返回奧哈拉湖。

　　行走在落葉松林青綠茂密的下行陡坡途中，可見山下的瑪麗湖與奧哈拉湖。湖光山色、美景如畫。費時40分鐘，就能從謝佛湖走到秀雅清麗的瑪麗湖。離開瑪麗湖，只須5分鐘，即可抵達奧哈拉湖南岸湖畔。沿奧哈拉湖湖岸繞湖一圈，健行取景，費時55分鐘，重返奧哈拉湖小木屋。

庫特尼國家公園・經典健行路線

　　庫特尼國家公園健行地區，包括93南公路沿線旅遊地區。以下我為華人旅客，精選推薦5條庫特尼國家公園經典健行路線。

 路線 1

大理石峽谷健行小徑
Marble Canyon Trail

方位	93 南公路庫特尼國家公園路段
困難度	一般
出發點標高	1490 公尺（4887 英呎）
最高點標高	1510 公尺（4953 英呎）
標高差	20 公尺（66 英呎）
往返距離	2 公里（1.3 英哩）
所需時間	1 小時
地圖	參見 162 頁

》駕車前往健行路徑起點的路線、距離一覽表

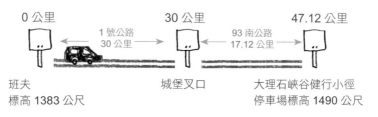

● 有關大理石峽谷的介紹，請參閱前文 165 頁。

　　此地偶有灰熊出沒，採集莓類，遊客進出大理石峽谷健行時，請遵循國家公園警告牌提示的安全建議：在灰熊棲息地區從事健行活動，請4人以上結伴同行。同時請參考前文83頁的護熊須知，以策安全。

　　「防身噴劑」，是登山健行必備的安全防身物品之一。雖然您已做好各項準備，以避開與熊毫無預警、突如其來的相遇，但是若萬一在野外與熊近距離接觸時，萬不得已，一定要拿出隨身攜帶的防身噴劑，正確使用，以求自保。

路線 2　油彩水窪壺穴健行步道
Paint Pots / Ochre Beds Trail

方位	93 南公路庫特尼國家公園路段
困難度	一般
出發點標高	1490 公尺（4887 英呎）
最高點標高	1490 公尺（4887 英呎）
標高差	0 公尺
往返距離	2.6 公里（1.6 英哩）
所需時間	1 小時
地圖	參見 162 頁

》駕車前往健行路徑起點的路線、距離一覽表

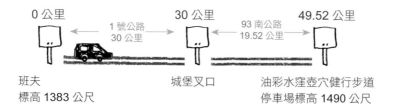

從油彩水窪壺穴健行步道的停車場起點出發，沿健行步道前進，在即將接近終點前的1.3公里處，有3個含鐵量相當豐富的冷泉。由於泉水富含鐵質，造成這一帶的土地都呈黃紅色。

含鐵量高的冷泉溢出，因氧化鐵的累積，在冷泉周圍形成日益增高的土堤。由於冷泉一帶有大量的含鐵黃土，因此油彩水窪壺穴也稱做「黃土地床」。

早期史東尼印地安人會來此地挖取紅土（黃土）。清洗過的黃紅色土壤，摻水揉捏成核桃般大小的球狀泥團，隨即壓成扁平麵餅，再將土餅放入火中烘烤後，碾磨成粉末。將紅粉與魚油或動物油脂混合，即成為實用的油彩顏料。這種油彩顏料可以拿來塗抹身體、漆刷圓錐帳篷、彩繪衣飾，或是在岩壁作畫。

　　史東尼人深信，在冷泉水中，住有妖怪精靈。他們經常聽到水中傳來笛聲或鼓音，甚至聽到精靈向他們說話，卻總是只聞其聲未見其影……

　　白人到此後，對於這些傳聞根本不予理會，只是關心這些黃紅土可以當作油漆原料的實用價值，將其採挖後用馬車運送至CPR鐵路車站，再用火車轉運至卡加立。

路線 3　柯布湖健行小徑
Cobb Lake Trail

方位	93 南公路庫特尼國家公園路段
困難度	一般
出發點標高	1400 公尺（4592 英呎）
最高點標高	1400 公尺（4592 英呎）
標高差	0 公尺
往返距離	5.6 公里（3.5 英哩）
所需時間	2 小時 30 分鐘
地圖	參見 162 頁

» 駕車前往健行路徑起點的路線、距離一覽表

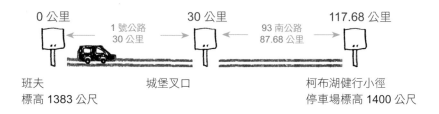

» 徒步前往健行路徑目的地的景點、距離一覽表

　　柯布湖是辛克萊山山腳下的小湖，遊客不多。到了夏末，前往柯布湖的健行小徑，很有可能被雜亂蔓生的野草掩蓋了步道，須小心慢行。

　　柯布湖健行小徑，單向全長2.8公里。起初1.7公里為下坡路段，直到跨越瑞典溪才稍微上行，沿途可以看到一些上次火後倖存的厚皮樅。走45分鐘可抵柯布湖湖畔，淺綠美湖，相當出色。仔細端詳，除了樹林倒映湖中，應該還能發現湖中尚有體型不小的溪鱒與紅喉鱒。

路線 4 史丹利冰河健行小徑
Stanley Glacier Trail

方位	93 南公路庫特尼國家公園路段
困難度	適中
出發點標高	1595 公尺（5232 英呎）
最高點標高	2060 公尺（6756 英呎）
標高差	395 公尺（1296 英呎）
往返距離	11 公里（6.9 英哩）
所需時間	3 小時 30 分鐘
地圖	參見 162 頁

» 駕車前往健行路徑起點的路線、距離一覽表

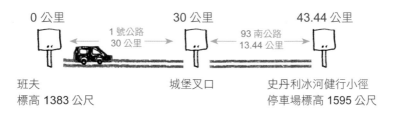

0 公里　　　　　　　　　　30 公里　　　　　　　　43.44 公里

1 號公路 30 公里　　　　93 南公路 13.44 公里

班夫　　　　　　　　　　城堡叉口　　　　　　史丹利冰河健行小徑
標高 1383 公尺　　　　　　　　　　　　　　　停車場標高 1595 公尺

» 徒步前往健行路徑目的地的景點、距離一覽表

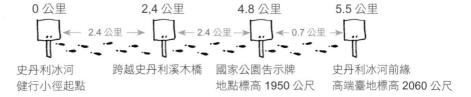

0 公里　　　　2,4 公里　　　　4.8 公里　　　5.5 公里

2.4 公里　　　2.4 公里　　　0.7 公里

史丹利冰河　　　跨越史丹利溪木橋　國家公園告示牌　史丹利冰河前緣
健行小徑起點　　　　　　　　　　地點標高 1950 公尺　高端臺地標高 2060 公尺

單向全長5.5公里的史丹利冰河健行小徑，絕大
部分路段是好走路面。直到最後的數百公尺才
變成細碎石路、大塊石堆的高坡路段。

　　我發現，火與冰，竟是塑造史丹利冰河健行小徑外觀的兩股主要力量。

　　火：1968年的佛迷里恩隘口大火，使得喜愛充足陽光的立桿松，成為健行小徑沿途最主要的樹種。然而，火後緩慢新生的年輕樅樹、雲杉將會逐漸長大，有朝一日取而代之。

　　想不到，2003年另一場大火再度肆虐，原本茂盛密布的立桿松林，成了空曠的焦黑枯枝。自然遞嬗，再度在此輪迴循環上演。（立桿松相關文字，參見290頁）

　　冰：史丹利冰河健行小徑的路線，是在由冰河侵蝕切割而成的懸掛山谷中，反覆來回、穿梭行進。

　　一旦進入懸掛山谷之中，只要順著史丹利溪，就可以到達史丹利冰河與瀑布觀景點。走至4.8公里的冰河終點前緣堆積石起伏區，在這看似健行小徑終點的地方，有加拿大國家公園的警告標語，提醒健行者，過此牌示，路徑不再維修，若有意繼續前行，請務必特別小心謹慎。

　　再多走700公尺沒有維修的難行路徑，到達真正靠近冰河前緣的終點高端臺地，才是觀賞史丹利冰河最佳之處。在史丹利冰河終點前緣堆積石起伏區，除了觀賞冰河瀑布之外，亦請莫忘注意觀看土撥鼠、北美短耳兔與金線地松鼠。

　　另外，在林區步道一帶，會有黑熊在此出沒、採集莓類，遊客在史丹利冰河健行時，更須特別謹記護熊須知，以策安全。

路線 5 瞭望湖、山金車菊湖、攣生湖健行小徑
Vista Lake、Arnica Lake、Twin Lakes Trail

方位	93 南公路庫特尼國家公園路段
困難度	適中
出發點標高	1695 公尺（5560 英呎）
最高點標高	2150 公尺（7052 英呎）
標高差	455 公尺（1492 英呎）
往返距離	17 公里（10.6 英哩）
所需時間	6～7 小時
地圖	參見 57、162 頁

» 駕車前往健行路徑起點的路線、距離一覽表

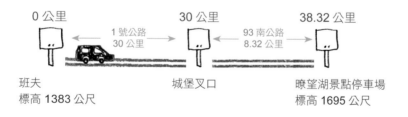

» 徒步前往健行路徑目的地的景點、距離一覽表

　　瞭望湖、山金車菊湖及孿生湖健行小徑起點的停車場，是個非常優越的觀景地點，清晰可見風暴山、鮑爾山……及山谷中的瞭望湖。

瞭望湖

　　由起點出發，往下穿越立桿松林，走約25分鐘，即可到達谷底愛爾楚溪源頭的瞭望湖。在瞭望湖這個平靜小湖的湖岸濕地，常見各種鳥類、水禽。

山金車菊湖

由瞭望湖，續往愛爾楚溪谷地外圍登高而行，在高坡路段，可見山腳下的瞭望湖，及遠方的城堡山。

1小時後，來到風暴山高聳峭壁下的一處亂石堆路口，繼續穿越非常陡峭的上坡路，逐漸繞過了風暴山這個峭壁巨岩山的另一頭。續行20分鐘，在走了3.7公里的艱辛路段後，抵達海拔2150公尺的高山湖泊——山金車菊湖。山金車菊湖，因初夏湖畔盛開的心型葉瓣、金黃色亮麗小花而得名。

山金車菊湖對岸可見風暴山陡峻的懸崖峭壁。

上孿生湖（又稱高地雙子湖）。

下孿生湖（又稱低地雙子湖）。

孿生湖

　　繼續從山金車菊湖前行2.3至3.4公里，穿越景色宜人、高山草原野花盛開的艱辛坡道，終抵兩個相距不遠，一前一後，前高後低的孿生湖。

　　經由瞭望湖前往山金車菊湖與孿生湖的路徑是相當地艱困難行，但仍偶見遊客手持漁具，肩扛橡皮圓筏，不辭辛勞地長途跋涉，到此享受休憩賞景與湖濱垂釣的樂趣。

領略自然
享受人生

life

巧奪天工的加拿大洛磯山脈

■ 探索特色，尋訪妙趣

每當我在陪同華人旅遊團，從溫哥華出發，前往加拿大洛磯山脈時，由於旅途漫長，我必定會利用這段長程搭車的寶貴時光，為旅客詳細介紹解說。

然而，我總會兼顧實際情況，適時喊停。除了讓他們耳根暫得清靜，也希望彼等能藉由片刻寧靜，徹底鬆弛，拋卻雜念，然後專心一志地觀賞並體會車廂外大自然的奧妙境界。

沒想到，不一會兒工夫，絕大多數旅客禁不起車行山間路段，左彎右拐固定搖晃的沉悶節奏，竟然開始呵欠連連，迅即進入夢鄉。

極少數未曾闔眼的人，卻也無心瀏覽窗外景致，只是狀極無聊地東張西望、左顧右盼。當彼等視線掃瞄過來，赫然驚覺：旅遊工作者凱瑞先生，竟然是車內唯一一位，認真觀察體會山川美景與周遭環境的人。

此舉頗令這些首次光臨加拿大洛磯山脈的旅客大惑不解。過了好一會兒，等其他人漸次甦醒，隱忍許久的這些人終於開口問我：

此地雖是第一次來，但遍遊世界各地，哪裡沒去過！山就是山、水就是水，還不都是一樣？凱瑞身為旅遊工作者，常來這裡，為什麼還如此專注欣賞？

我一向主張遊山玩水，最好能置身當地、留心該處。我總以為各地景觀自有其獨到之處，每到一地，若能敞開胸懷，歡喜舒暢地接近大自然，當能發現即使同一地點，都有可能在不同時段、天候、季節……呈現大不相同的風貌。

若是心神不寧、心不在焉，遑論無法心領神會、體驗異同，甚至很可能因為自以為是、不屑一顧，而主觀認定各地山水大同小異，縱使有所不同，也不過是尖山、圓山，高地、低地之分，瀑布河川、湖泊沼澤之別。

如此武斷閉塞，終究無緣得享樂在其中的情趣。大自然中山水之異同、好壞，由於人心的浮動，竟然能夠導致如此的大異其趣！

由此可見，其中變幻的奧祕巧妙，各有不同，端視遊客以何種角度、用何種心情觀賞領會。

所謂「仁者樂山，智者樂水。」遊客在長途跋涉、深入寶山之後，究竟能否在認同天地萬物、心存感念、悲天憫人及關懷維護之餘，進步成長為身心愉悅、滿載而歸、當仁不讓的仁者，大智若愚的智者？抑或因為只知一昧地否定自然，心存疑惑、怨天尤人，加上無動於衷，退化蛻變為身心俱乏、一無所獲、隱忍不樂的忍者，長途久坐，舟車勞頓，導致舊痔復發？其成果如何，可說是存在於每一個人的仁心與智慧之中。

我深知，開心歡喜出遊的旅客，旅途中應該保持輕鬆愉快的心境，既是如此，我又豈能過分堅持每位貴客非得佯裝成仁人智士不可。然而身為旅遊工作者，職責所在，我也不能眼睜睜地坐視旅客渾渾噩噩、迷迷糊糊，枉度此行，淪落為忍者、痔者之流。自當竭盡所能，傳授探索特色、尋訪妙趣的要領祕訣，協助與我同行的遊客領略自然、享受人生。

■ 無窮宇宙，有限生命

其實我的旅客有興趣的地方，不僅僅是山水異同的問題而已。每當親眼目睹加拿大洛磯山區雄偉壯闊、所向披靡的冰原、冰河，及風化侵蝕、滴水石穿的奇岩、峽谷時，不免對大自然的奇妙景致嘆為觀止。在感佩天工造物的偉大之餘，不禁心生比較對照，總想一探混沌初開，甚至宇宙範圍等，玄妙奧祕的謎團。

說到宇宙的範圍有多麼遼闊，一般人恐怕只能用無窮或無限大，這類抽象籠統的字眼來形容宇宙之大小。然而，我有辦法實際道出宇宙的規模！

宇宙到底有多大？以宇宙內星球的數量，就能概括論定。根據科學家的研究：宇宙星球的數量，約等於地球上所有海灘沙粒的總和。

試以動工興建房舍而言，僅工地院落內擺放的一堆建築用沙，就不只數以億萬計。一處海灘上的沙粒數量與之相比，更是億萬倍多於工地院落之沙。若是以此方式，往上推算至地球上全部海灘所有沙粒的總和，其數量之多，豈不驚人！相對而言，宇宙星球數量又怎不令人咋舌！

而更令人讚嘆不已的是，宇宙內所有星球皆非細小如海沙者，全屬巨大如太陽的龐大星體，再說彼此之間，又並非如同海灘沙粒那般緊密相連毫無空隙，全部都是以光年為計算單位，相距甚遠。是以，宇宙的遼闊浩瀚，可想而知！

當我以有限數量的理論方式，描繪勾畫出無限宇宙的概括範疇，我的旅客頓時屏氣凝神、用心想像。在此同時，我隨即再話鋒一轉，向這群身為寰宇內的一分子，明確表達我說這番話的真正用意：

人生在世數十寒暑，至多百歲的短暫時光，若與浩瀚宇宙及所居星球源起至今相較，人類的渺小短暫，實如滄海一粟、曇花一現，可謂稍縱即逝，根本微不足道。既知如此，我們這群數十齡童，豈可僅因遊遍各地名山大川，就膽敢以專家達人自居，自認見多識廣，而小看了這些矗立時空億萬年之久的遠古遺痕。

若肯秉持虛懷若谷的開闊胸襟，真誠體會大自然的偉大，定能令人眼界大開、視野遼闊，終得看出刻劃在各個壯盛山容表面的不同故事，真正領略出各地山水的獨特所在。再也不會只是做一個來去匆匆、驚鴻一瞥，虛渺短暫人生中的旅途過客，剛愎自用、一無所知，浮華山水世界裡的「忍」、「痔」之徒。

有情世界・無盡奧妙

■ 美妙的植物

通常，人們前往山區旅遊，除非搭直升機或小型飛機從天而降，否則，若是依照平常乘車方式從平地出發，必定無法立即直抵山中。如此一路輾轉爬坡入山，最初所見並非高山景致，而是各類植物。

植物，由於不如雄偉壯麗的名山大川那般引人注目，一般大眾對於較不起眼的普通花草樹木，多半不願主動親近。除非是花卉盛開、楓紅遍野時節，或有參天古樹、巨大神木林立，才足以吸引世人的高度興致。否則，縱使滿山遍野舉目所見皆為各類植物，照樣不屑一顧、與我何干。此類心態，十足令人扼腕！

我常慨嘆，人類往往過度注重外表通俗美，每每忽視罔顧潛在自然美，才會錯失觀察路邊小徑植物的良機。正是由於對植物缺乏興趣，導致認知瞭解的不足，而忽略了對植物應有的觀察，錯失發現植物林相與生態之美的妙趣；進一步痛失對大自然整體環境的深一層欣賞、體認，終致無法融入自然，無法真正享受自然。

有鑑於此，我總會竭盡所能的提醒我的旅客，加拿大洛磯山脈具有包括樹木與野花在內的多種植物值得世人高度重視。

» 樹木

　　樹的種類繁多，其生長分布，因地球緯度與地表高度所在的天候因素，而有相對明顯的劃分。仔細深思，當會發現地球緯度分布數千英哩之遙，跨越熱、溫、寒3帶廣大遼闊區域的各類樹種，竟然能在一座高度只不過數千公尺的短小狹窄山區之間完全呈現，著實令人驚豔！如此濃縮精細的大自然傑作，多樣風貌的微地理景觀，不僅不容輕易錯過，山中踏青、尋幽攬勝的同時，建議您務必靜心留意、仔細端詳。

　　遊客置身加拿大洛磯山中，如果注意觀察山區與四周景致，當能發現廣闊的山谷至低平山坡之間，滿布茂盛樹林。稍往高處，茂密森林卻突然消失，只剩下一處處稀疏林地與一些草原。再往上看，就只見光禿裸露的岩石，及其山頭晶瑩亮麗的積雪與藍光閃耀的冰河。眾所周知，影響山間天候變化最大的要素就是高度。海拔愈高，每日平均溫度就隨之降低，年平均降雪量也就愈多，當然也表示風速愈發強大。較冷的低溫代表較為短暫的生長季節，強勁凜冽的朔風，凌厲吹襲所颳起的陣陣乾冷空氣，更使樹葉極度脫水、過度乾燥，終因海拔過高，超過自身生長極限而無法生存。

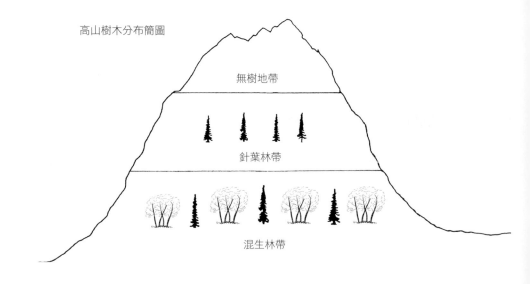

高山樹木分布簡圖

無樹地帶

針葉林帶

混生林帶

加拿大洛磯山區較低海拔的山地混生林帶（Montane Zone）、稍高海拔的次高山針葉林帶（Subalpine Zone），及更高海拔的高山無樹地帶，3個明顯的樹木種類與生長分布地帶，就是受高度影響，而產生此等變化的典型例證。

　　每當我結束「樹」的生態介紹，都會立即將我自行製作的「加拿大洛磯山脈樹種生態簡圖」分發大眾，好讓旅客對照參考。

　　經由我口頭及書面的詳實說明，眾人這才恍然大悟：原來，天地之間，除了山水之外，樹木是首要留心觀察的對象。因此旅客對樹的認知與瞭解大增，開始對這「地表之縮影」、「山中之瑰寶」，產生欲一探究竟的高度好奇心理，不再事不關己、悶不吭聲，遇有疑惑立即問我。

　　比如說，行經山谷中的沼澤地帶，看見許多樅樹與松樹，樹上滿布類似鳥巢之物，大家百般不解。當我告訴他們此物並非鳥巢，而是一種名為「矮寄居檞」的寄生共存植物，才解其困惑。甚至，連乾枯樹林，都能引發旅客的高度興趣：

　　每當行經庫特尼國家公園的佛迷里恩隘口時，不論是停車在山頭遠眺，或是下車沿著火紅草花環形步道健行，從懷婆山南坡一直到佛迷里恩隘口這一帶，廣達6000多英畝，曾於1968年7月受雷擊火焚破壞8日的焦黑森林，皆能一覽無遺。

　　40多年後，一般遊客至此緬懷憑弔，頂多四處打量隨即匆匆離去，但由我陪同遊歷的旅客，畢竟不同。除了能夠眼觀四面、耳聽八方，扭腰踢腿、活動筋骨之外，還曉得運用心思，有意瞭解災後生態等各項課題。當然提問之外，也不忘考考我這個足跡遍踏北美的驢友先行者。

　　最典型的問題就是：殘木枯枝，如何欣賞？究竟有何妙趣可言？

　　問得好！該當如何發掘此處的特色，並進一步體會焦林的美妙，當真難度頗高。

我反問旅客，是否仍記得我在沿途介紹過的立桿松、英格曼雲杉與厚皮樅這3種針葉樹，及白楊樹這種在國家公園內最常見的闊葉樹？雖然說僅憑1趟洛磯山中之旅的所見所聞，不可能指望人人立刻變成植物辨識行家，但起碼多數旅客對於這幾種植物與火有關的故事，倒是印象深刻。

他們仍然記得我曾說過，立桿松與白楊樹具備浴火重生的本領：

立桿松是二葉松。立桿松的種子生在圓錐體的硬殼毬果內，毬果外層被松脂緊密黏附。絕大多數毬果，縱使掉落地面也不會輕易裂開，除非氣溫能達到攝氏40度以上的高溫，將松脂融化，毬果才會打開硬殼，散播種子。

然而，地處高緯度的加拿大洛磯山區，氣溫很難有高達攝氏40度的可能，足見立桿松唯有借助火苗的熱力，才能大量快速地繁衍再造。因此，歷經野火延燒過後，立桿松立即得以播種繁衍。

旅途中見過好幾處密密麻麻、並排直立，下端無葉、相同樹齡，尺寸、高度、大小相當的大片立桿松樹林，一望即知，這些都是過往森林大火之後的必然速成產物。

Lodgepole Pine 立桿松

早期印地安原住民，利用周遭環境就地取材，以這類直立纖長的樹桿搭建帳篷木屋，因此這種二葉松就被稱為Lodgepole Pine（屋桿松）。我個人則以其直立長桿的獨特外型，將之稱為立桿松。

白楊樹是落葉喬木，它不像一般闊葉樹是以開花結果的方式行有性生殖，而是經由根部的吸根複製後，再造與母體完全相同的新生後代。

森林火災過後，具有這種繁殖特性的白楊樹，就藉著野火燒剩殘存的樹根系統的吸根，吸收水份、供給養分，複製再造，重獲新生。

白楊樹與立桿松相同，也是靠著火勢相助，自然遞嬗的火後先發樹種。（白楊樹相關文字參見59頁）

厚皮樅及英格曼雲杉，同樣與火關係密切。

白楊樹林原本蒼白的樹皮所呈現的黝黑斑駁外貌，這些都是北美大角鹿冬日啃噬後的傑作。

厚皮樅，英文原名道格拉斯樅，是為了紀念1826年到加拿大洛磯山區，從事植物研究的蘇格蘭籍植物學家大衛・道格拉斯而命名。厚皮樅，具有堅硬材質與粗厚多皺的樹皮。厚皮有助於保護樹身、隔絕高熱，更能防止被輕微小火焚燒吞噬的噩運。厚皮樅是少數知名能防火、不怕火、較為長壽的防火、避火樹種。

英格曼雲杉，既非「火後發萌」之樹，也不是「防火、避火」樹種。乍看似乎與火並無直接關聯，但在深入瞭解之後才知道，英格曼雲杉也是繼立桿松火速繁衍、先行成長之後，另一類夾雜在立桿松密林中，劫後餘生並且重新萌芽的樹種。

　　立桿松雖然在高緯度的加拿大洛磯山區緊密相連，並排而生，但畢竟是寒帶森林，根本不能與樹種繁多、層次明顯、藤蔓滿布、陽光難以照射地面、雜草不易生長的熱帶雨林相比。

　　立桿松樹林內仍有足夠空隙，可使幼小的雲杉、樅樹幼苗得到所需要的陽光，讓它們遇縫插針，穩定成長。英格曼雲杉，終究能夠脫穎而出，取代立桿松，成為次高山針葉林帶，出類拔萃的「最高頂層」樹種。

　　經由我簡明扼要地重新提醒，旅客更加明瞭加拿大洛磯山中的樹種區別、彼此淵源、求生本能、繁衍方法，及「火後發萌」樹種，終將被「最高頂層」樹種取代的必然結果。

然而，宇宙萬物本非恆久不變。有朝一日，一旦火勢又起，這幕世代交替的生命輪迴劇目，仍將延續，依照白楊樹、立桿松先發，各類樅樹繼起，以至大約200年後，英格曼雲杉等樹獨占鰲頭的順序，再度循環。

　　佛迷里恩隘口山腳下，這處1968年災後的乾焦殘林一片死寂，不僅看來毫不起眼，甚至可能對前來國家公園旅遊，只注重外表通俗美、期待值頗高的一般觀光客而言，反而覺得刺眼。然而，絕大多數人可能做夢也沒有想過，春去秋來，經過一陣時日，這一處殘餘老舊焦林遺跡的再生，會產生相當珍貴的利用價值，竟然能夠提供大自然中的野生生命，連最高頂層樹林存在時都無法供應的諸多有利生存環境。

　　眾所周知，動物都需要充足的食物與隱密的住窩，方能安身立命。對於大多數山中動物而言，理想的繁殖棲息處所是：拼嵌多樣的林區，與年代各異的草地。

　　不同年份生長的小草與快速成長的年輕闊葉幼樹，供應野生動物充足豐富的食物來源。而其他種類的較高大針葉樹，則又能兼具遮掩隱藏，並且妥善保護動物的功能。

　　但通常除了「老焦再生林」能夠兼具良好的吃住環境以外，包括最高頂層樹林在內其他的生態環境，都極少能夠在同一處地方，讓野生動物生活其間得以食、宿兩全。

　　如此看來，大自然界所引發的熊熊烈燄，激情過後所帶來的影響，未必全屬壞事。因為，將原本所有「最高頂層」樹林的英格曼雲杉等品種燒毀殆盡之後，可以阻止大區域頂層樹林持續擴展，對動物生態環境所造成的不良影響。因此，在重新為火後發萌樹種開啟生機的同時，也為野生動物開創了相對有利的生機，實在是多成就了一樁好事！

根據我前、後兩次的分析說明，與在佛迷里恩隘口現場景象的對照呼應，並實地印證之後，旅客們終於對樹木有了完整連貫的認知與瞭解。呈現眼前的，不再只是一般的赭土焦林與殘枝枯木，而是一群克服適應艱苦困境、開創再造繼起生命，恆毅堅韌、永不低頭，自然界中無聲無息的沉默菁英。「物競天擇，適者生存」的大自然生存法則，在此處得以真實印證，完整呈現！

　　深入領略體會大自然的感召啟發之餘，我再次提醒旅客，倖存於這個浮華世界的老焦再生林，也有他處欠缺而此地獨具的外觀特色：

　　由於大量充足且未受阻絕的陽光，源源不斷地透過疏枝枯木間的開闊空隙，灑向地面的每一角落，因此每逢夏季，野花盛開、爭奇鬥豔，此地才有其他的茂密森林內所欠缺的天然花園勝景。

　　在我以心靈詮釋的妙方，導引協助與陪同遊歷之下，眾人終能掌握觀察契機，靜心領會、駐足欣賞，得享前所未有的旅遊樂趣！

樹木生長分布地區

● 北美杉——肯尼湖健行小徑沿途的巨樹森林區……

● 厚皮樅——前往柯布湖沿途、前往隧道山頂峰沿途、諾奎山公路終點前南向斜坡草原……

● 高山落葉松——落葉松山谷、前往瑪麗湖沿途、前往美景山沿途……

● 次高山樅樹 (黑紫毬果外覆白霜) ——前往帕克山脊沿途……

● 紅毬果雲杉——石圍湖畔、前往帕克山脊沿途……

加拿大洛磯山脈的其他樹種

＊ 較低海拔的
　「山地混生林帶」

黑棉楊木 (Cottonwood Poplar / Black Cottonwood)

　與白楊樹同屬、不同種的黑棉楊木，兩者之間很容易區分。黑棉楊木樹葉較大、樹幹較粗、樹皮顏色亦深，生長在較為潮濕的河岸邊。盛夏時節，黑棉楊木的棉花籽如雪花片片，隨風滿天飛舞，給波河沿岸班夫鎮一帶的居民與旅客，帶來新一波的過敏原。

Cottonwood 黑棉楊木
Poplar

Limber 柔軟松
Pine

柔軟松 (Limber Pine)

　柔軟松，外型看來矮小、扭曲，是一種五葉松。

✳ 稍高海拔的「次高山針葉林帶」

高山樅（Alpine Fir）

雖名為「高山」樅，但實際上高山樅
是「次高山」針葉林帶樹種。因為更高海拔
的高山地帶，是樹木無法生存的天候嚴竣地
區。

Alpine
Fir　高山樅

高山落葉松（Alpine Larch）

通常，針葉樹是常綠不落葉的植物，但是高山落葉松與落葉柏卻是例外。
每到秋季，原本淺綠柔細的高山落葉松的針葉，如同白楊樹樹葉一般變成金黃
色，十分亮麗搶眼，隨即乾枯脫落，非常獨特。

白皮松（Whitebark Pine）

外型近似柔軟松，也是一種
五葉松。

落葉松林

» 野花

　　一般來說，人們對於花卉的鑑賞，顯然要比樹木來得比較有興趣，對花的認知也較為深刻，我陪同旅客出遊時，無須過於贅敘。然而，加拿大洛磯山中的花，倒是有4項特色：野生、草本、到處可見分布廣闊與幾乎僅在短暫夏日綻放。

　　我與旅客談花、賞花時，都會針對這些特色加以介紹說明。

　　加拿大洛磯山中，除了人類聚居的村落社區與旅遊城鎮，有人工刻意栽種點綴的養植花圃之外，其餘在路邊小徑、山谷低地、高山草原及枯樹焦林等，較為溫暖且陽光充足之地所見的夏日盛開花卉，全都屬於原野中自然生長的花種。如果仔細觀察，這些野花並非枝頭綻放的木本植物花種，而是從綠葉小草當中所發出來的草本花卉。柔弱纖細、隨風搖曳的草本植物，如何能夠承受花朵重量並盛開綻放，以及認識各類野生花卉品種，都是旅遊中增長見聞的闡述重點。加拿大洛磯山區野生花卉種類繁多，除了極少數一、兩類在海拔較低的地方生長的是灌木之外，其餘的都是草本。別看細葉小草這類草本植物平素欠缺枝條，只要花季一到，竟也能從草、葉當中，發出如同木本枝條般挺拔堅韌的花梗，各色艷麗小花正是在此花梗萌發綻放。然而，草本植物開花方式又並非全然如此，少數幾種草本植物由於草桿較為粗壯高大，有如細枝，便無須另生花梗，花卉乃順理成章地在草桿上端直接綻放。

　　還有一種平鋪地表名叫「苔蘚剪秋羅」的野草，更是與眾不同。既無長條草桿，也不另發花梗，而是由草堆縫中鑽出一株株細小花蕊。一朵朵直立滿布於草地的鮮花，猶如插在針墊上的許多細針，看來十分奇特有趣。

　　加拿大洛磯山中的野花種類繁多，常見的奇花異草有：

紫菀花　　心葉山金車菊

火紅草花　　珍珠鼠麴草　　白花百合

白色印地安畫筆

　　經由我竭盡所能的導引介紹，旅客終究沒有忽略對樹木與花卉應有的觀察與欣賞，得以深入體認生存於大自然之中的植物美妙所在。

西洋蓍草　　粉紅印地安畫筆

長絨毛白杯花　　高山火紅草花　　羽扇豆

牛眼雛菊

矮山茱萸

野天芥菜

野蔥花

苔蘚剪秋羅

褐眼蘇珊

黃褸斗菜

邊緣草花

棉管草花　　灌木五瓣洋莓

野花綻放地區

● 紫菀花——前往高塔湖沿途、姜斯頓溪谷墨盆區、翡翠湖畔、影子湖畔、吉本隘口、山金車菊湖畔、前往孿生湖沿途……

● 粉紅印地安畫筆——前往高塔湖沿途、吉本隘口、山金車菊湖畔……

● 心葉山金車菊——前往高塔湖沿途、奧哈拉湖路路邊、麥克阿瑟湖畔、吉本隘口、山金車菊湖畔……

● 野天芥菜——前往高塔湖沿途、前往謝佛湖沿途、吉本隘口……

● 長絨毛白杯花——前往高塔湖沿途、吉本隘口、惠斯勒山健行小徑終點前高坡……

● 白花百合——前往高塔湖沿途……

● 邊緣草花——前往高塔湖沿途、前往帕克山脊沿途、前往謝佛湖沿途、麥克阿瑟湖畔、吉本隘口……

● 黃耬斗菜——前往高塔湖沿途、前往布久湖沿途……

● 灌木五瓣洋莓——前往高塔湖沿途、麥克阿瑟湖畔、波湖湖畔……

● 褐眼蘇珊（雛菊）——洞穴與水窪熱泉沼澤區……

● 羽扇豆——洞穴與水窪 熱泉沼澤區、布姆溪健行小徑終點……

● 白色印地安畫筆——前往帕克山脊沿途、吉本隘口……

● 普通火紅草花——前往布久湖沿途、大理石峽谷、翡翠湖畔、波湖湖畔、吉本隘口、前往海倫湖沿途、前往六冰河平原健行小徑沿途……

● 牛眼雛菊——前往禿頂山嶺沿途、奧哈拉湖路路邊、阿薩巴斯卡瀑布……

● 珍珠鼠麴草——奧哈拉湖路路邊……

● 西洋蓍草——奧哈拉湖路路邊……

● 高山火紅草花——奧哈拉湖路路邊、吉本隘口……

● 野蔥花——阿薩巴斯卡瀑布、惠斯勒路路邊……

● 矮山茱萸——吉本隘口……

● 苔蘚剪秋羅——凱瑟琳湖高地……

● 棉管草花——帕克山脊、海倫湖畔、下孿生湖畔……

綻放於麥克阿瑟湖畔的灌木五瓣洋莓。

■ 好看的動物

　　與植物相較，動物，顯然好看許多。

　　好看，不僅代表長相美醜與否，尚有容易欣賞、歡喜接受與高度肯定的意涵。好比運動競技項目當中精采好看的網球比賽，親臨現場觀戰，或收看電視轉播的球迷觀眾，雖然不見得人人都是箇中好手，但起碼個個熟諳規則、通曉打法，既懂欣賞之道，故而樂此不疲。

　　然而，總有不好此道之士，由於缺乏興趣、欠缺認知，觀賞球賽猶如霧裡看花，毫無參與認同之感。在不易看出端倪、無法引發共鳴的情況下，球賽豈會好看？類此活動遂成拒絕往來戶。

　　正是因為無緣親炙接觸，終究錯失欣賞領會良機。

　　同理觀之，一般動物雖然好看、易認，人見人愛，然而若一旦面對某些種類繁多、體型較小、不常見又不討喜的動物時，常人心態很容易就會轉向，如同不喜歡網球運動的人士那般，對這些動物由不感興趣，進而忽視其存在，終致無緣欣賞！

　　為了避免類此不懂網球心態的擴散，實有必要清晰明確地介紹旅遊地區所見動物的名稱、種類、特徵、異同……等。如此加強認知、提升興趣，方有可能增進原本外行輕忽者的觀賞意願，進而真心體會，關懷大自然的動物生態環境。

　　加拿大洛磯山中野生動物種類繁多，絕大部分為哺乳動物與鳥類。

» 哺乳動物

　　加拿大洛磯山中常見的野生哺乳動物包括：

北美大角鹿

大彎角羊

土撥鼠

金線地松鼠

灰熊

紅松鼠

哥倫比亞地洞松鼠

黑熊

高山山羊

麋鹿

熊居地，請尊重

在不到100年前，為數可觀的大灰熊，分布地區廣達整個北美大陸的西半部，最南邊甚至到了墨西哥皆可見到灰熊蹤跡。然而，由於歷來人類的殺生獵捕與過度開發等因素，破壞了自然環境，導致灰熊數量銳減，活動範圍也萎縮至北美大陸西北一隅。

正是因為難得一見，許多遊客進入山區，難免希望有機會親眼目睹灰熊。但是，過多人類的造訪，相對造成自然生態的再度傷害，受到驚動的野生灰熊，本能的就會對侵入地盤的陌生人類，展開反擊。

原本，這些野生動物已被從前的人類逼至死角，而我們這群更為進步文明的現代人類，豈可又重蹈覆轍，肆無忌憚地一再侵入彼等地盤。我總會懇切地籲請與我同行的旅客，恪遵加拿大國家公園各項立意良好的保護措施與規定，還給大自然應有的詳和與寧靜。

哺乳動物出沒地帶

● 土撥鼠──六冰河平原、莫連冰河湖、惠斯勒山……

● 哥倫比亞地洞松鼠──帕克山脊、騾蹄湖野餐區、諾奎山公路終點前南向斜坡草原、麥克阿瑟湖畔、塔卡高瀑布……

● 紅松鼠──三瓦塔瀑布、蜜月湖……

● 金線地松鼠──姜斯頓峽谷、披頭湖、河谷系列5湖……

● 小花栗鼠──姜斯頓峽谷、帕克山脊、披頭湖、蜜月湖⋯⋯

● 北美短耳兔──波湖湖岸高地、莫連冰河湖湖岸高地⋯⋯

● 大彎角羊──硫磺山頂、1A公路路邊、瑪林峽谷、黃頭公路路邊⋯⋯

● 高山山羊──93號公路山羊景點野餐區、黑克特峽谷、帕克山脊⋯⋯

● 白尾鹿──美綠湖湖畔⋯⋯

● 騾耳黑尾鹿──美綠湖湖畔、藥湖濕地⋯⋯

● 北美大角鹿（Wapiti）──傑士伯鎮、惠斯勒路路邊、美綠湖湖畔⋯⋯

● 麋鹿──高地水鳥湖湖岸、河谷系列5湖、藥湖溼地⋯⋯

● 黑熊──1號公路路邊、1A公路路邊、密耶特公路路邊、包括前往日舞峽
谷及影子湖健行小徑在內的較低海拔林區⋯⋯

● 灰熊──白角山山區、莫連冰河湖十峰山谷地區、卡維爾湖湖畔、大理石
峽谷、高山茂密林區⋯⋯

» 鳥類

一般而言，鳥的種類要比哺乳動物更為繁複。

加拿大洛磯山中鳥類多達200多種，除了極少數終年定居山中，大多數都
是利用天暖時節在此繁殖築巢、造訪數月，或是南來北往，僅只短暫小憩的候
鳥過客。鳥類對於棲息環境比哺乳動物更為敏感，牠們會選擇山中最適合自己
的生態環境，作為經常活動的範圍，包括：湖沼河川、開闊空間、草原谷地、
老舊焦林、深山野林及高山凍原等，各種不同的地區環境。

加拿大洛磯山脈常見的鳥類有：

加拿大雁

高山藍鳥

黑嘴喜鵲

大烏鴉

北美星鳥

灰樫鳥

高山山雀

白尾松雞

山中鳥類活動範圍

開闊空間鳥類

● 高山山雀——帕克山脊鞍部……

● 高山藍鳥——帕克山脊、露薏絲湖/六冰河平原……（開闊空間鳥類另有麥勒野鴨、醜面鴨、鷚鳥……）

湖沼河川鳥類

● 北美川烏——姜斯頓峽谷/姜斯頓溪、肯尼湖健行小徑/羅勃森河……

● 加拿大雁——美綠湖、派翠西亞湖……

深山野林鳥類

● 大烏鴉——密斯塔雅峽谷、塔卡高瀑布……

● 北美星鳥——鏡湖、披頭湖……

● 灰樫鳥——瑪林湖/禿頂山嶺……

● 黑嘴喜鵲——翡翠湖、露薏絲湖……

高山凍原鳥類

● 白尾松雞——帕克山脊、前往高塔湖沿途、前往布久湖沿途……

老舊焦林鳥類

● 啄木鳥——三瓦塔瀑布地區、前往海倫湖沿途、前往浮冰湖沿途……

■ 生命的變化

生存於自然山水之間的植物與動物，總是不停地在發生不同種類性質的變化。

» 年度的變化

例如：候鳥飛禽的春秋遷徙、齧齒動物的寒日冬眠、有蹄反芻動物的易地而食與躲避寒風……等。

» 突發的變化

例如：冬季雪崩，造成樹林連帶遭殃。暖冬少雪，加上來年春季雨量又不充足，使得草木的乾燥，極易引發山林大火。一旦祝融肆虐，得花200年光陰才能重回災前原有光景。

» 其他許多細微的變化

包括：枝葉落地，花開花謝；風生水起，傳播花粉；全新生命，發萌誕生；肉食掠奪者捕殺獵物，土壤細菌分解動物遺體，枯枝落葉轉化為有機養分供給地表現存植物……等。

這些變化，在大自然中，都以固定節奏持續進行著，為的是勉力平衡整體自然環境生態。

由此可知，植物與動物本身，甚至兩者之間的互動，竟也能令看似悄然寂靜、無聲無息的高山環境，處處充滿變數，時時發生變化，箇中奧妙，不言可喻。

為了能使此一無法替代、活生生的大自然戶外博物館，得以永久保存，人類責無旁貸，理應小心維護、用心關懷。置身浮華山水世界，關愛天地共生萬物，方能既長智慧，又增仁心！

■ 山的故事

置身加拿大洛磯山脈，所見盡是崇山峻嶺。一般遊客若不細心留意，乍看群山，頂多心生雄偉壯闊的觀感。然若仔細端詳，當能從轟立突起地表的高大山岳外貌，發現其隱藏地層深處的故事。

» 三大岩層

山，是由地殼岩石構成。依據岩石形成的原因，可將岩石區分為火成岩、沉積岩與變質岩三大類別。

火成岩（Igneous Rock）

顧名思義，火成岩又區分為「火山岩」與「深成岩」，是由地底深處一種叫做岩漿（Magma）的熔融物質，經過冷卻硬化後而形成的岩石。

地底岩漿經由火山爆發噴出地表，成為熔岩（Lava），隨即迅速冷卻凝固而成的岩石，是為火山岩（Volcanic Rocks，噴發火成岩）。

若地底岩漿未噴發，僅能侵入地殼較深之處，如此慢速逐漸冷卻凝固的岩石，則為深成岩（Plutonic Rocks，侵入火成岩）。

由於火山岩的熔岩是噴出地表急速冷卻，因此岩石中的礦物顆粒特別細緻，呈現玻璃質般的結晶。最常見的火山岩有構成海洋地殼的「玄武岩」，與玻璃質的「火山黑曜石」。

而深成岩的岩漿則因深埋地層深處，緩慢冷卻，岩石中的礦物顆粒乃成粗粒結晶。最常見的深成岩有構成大陸地殼的「花崗岩」與「橄欖岩」。

沉積岩（Sedimentary Rock）

不像火成岩等其他岩石生成於地下深處，沉積岩是生成於地球表面的各種不同環境當中。

顯露於地表之上的岩石，若受風化作用、侵蝕作用、搬運作用、沉積作用……等「外表地質作用」的影響，而將原本完整堅硬的岩石破壞、崩解，以致構成沉積物，並以水平層次堆砌的固化岩層，這就是沉積岩。

沉積岩岩層，以其所含沉積物成分的不同，又有「碎屑沉積岩」、「化學沉積岩」，及「生物沉積岩」之分。最常見的碎屑沉積岩，依顆粒由大至小，有「礫岩」、「沙岩」與「頁岩」。

「石灰岩」的主要成分是含有碳酸鈣的化學沉積物，但有些石灰岩和煤相同，是由生物遺骸的堆砌累積而成。因此，石灰岩既是化學沉積岩，亦為生物沉積岩。

變質岩（Metamorphic Rock）

變質岩，是由已存在於地殼中的火成岩與沉積岩轉化而成。這些岩石受到地殼運動、造山運動及長期埋藏地層深處，受到高溫和高壓的雙重影響，但又未達到足以使之熔化的程度，原有岩石的組織、構造、成分、紋理及外貌就會另行轉化。此種改變後的岩石，就是變質岩。最常見的變質岩有：

● 花崗岩變質而成的「花崗片麻岩」。

● 沙岩變質而成的「石英岩」。

● 頁岩變質而成的「板岩」或「片岩」。

● 石灰岩變質而成的「大理石」。

甚至變質岩本身經過若干時間，又可能因為持續的高壓與高溫，轉化為另一種變質岩。

》岩石循環，山起山滅

岩石不僅能從原有的火成岩，單向地轉化為沉積岩與變質岩，尚能因地球內部的造山運動、熔融作用，與地球表面的風化、侵蝕等外在地質作用的交互

發生，而產生岩石交替循環的現象。

小女愛倫在南加州亞凱迪亞小學2年級自然科學課程談及岩石時，老師曾要求學生製作實用生動、靈活簡易的岩石循環樣本。

我總會央請愛女借用（右圖），以便我在帶團看山、談山時，與旅客分享這個構成山的地球基本物質──岩石的相關資訊。

岩石，既然是組成地殼的固態物質，隸屬地表各種地形之一的山，當然也是由岩石構成。

我的旅客既已明瞭岩石的成因、種類，與岩石的交替循環過程，此時再由我陪同一起觀山，並進一步探討造山運動，自然相對清楚明白，更加容易瞭解。

造山運動，是來自地球內部的一種極大區域質變的地質運動。不僅有地底或海底岩漿向上湧發的「火山作用」，還有「抬升作用」，能使地殼板塊相互擠壓，進而使地殼扭曲彎折，並將地殼升高隆起。有時板塊壓力背向而行，彼此移開，迫使岩層變位，向旁、向上或向下移動而產生地殼破裂，這就是形成斷層的「斷層作用」。

造山運動的火山作用、抬升作用與斷層作用，這3種「內部地質作用」，往往持續億萬年，直到原來地底或海底的岩層成為高山為止。之後，受侵蝕、風化等「外表地質作用」的破壞，以相同時間，用相反手法，將山摧毀。待造山運動又起，再次升高。

山，便如此循環再生。

在成山的過程中，內部地質運動的3種不同作用，能導致不同的山勢與外貌：

● 抬升作用，形成「褶皺」山脈。

● 斷層作用，產生「斷塊」山地。

● 火山作用，造成「火山」山勢。

而有時若抬升作用或斷層作用均不甚強大，也有可能形成看似饅頭狀的「穹形」山嶺。

至於毀山的過程，則交由包括「風化」、「侵蝕」及「崩壞」等外表地質作用發揮破壞威力。然而因為不同種類的岩層對抗風化、侵蝕作用的能力不一，難免造成快慢結果有別，不過在無情歲月長期不斷的摧殘之下，終究難逃循環再生的命運。

» 加拿大洛磯山脈的形成與改造

根據上述山的基本概念，再進一步欣賞加拿大洛磯山脈，所見將不僅止於山的高度，更相對具備對山的深度認知。

加拿大洛磯，這座壁立千仞，驅使河川分別奔流至太平洋、大西洋與北冰洋的分水嶺大山，最初不僅並非當今這副模樣，甚至地表之上根本毫無蹤影。

堆砌累積時期

6億年前，洛磯大山原本只是潛藏於海底的狹長海槽，歷經4、5億年，由其東面的乾燥不毛陸地，不斷沖入淺海的沙粒、淤泥、黏土及石灰岩屑，堆砌累積而成。這些原本細微柔弱的沉積物質，最後終於能夠累積硬化成為構成地殼主要成分之一的沙岩、頁岩與石灰岩等，厚實堅固的沉積岩岩層。

到了2億年前至7千萬年前這段期間，此一地區又開啟了另一階段的改頭換面工作。

一連串的地殼隆起運動，使得隱藏海底的沉積岩岩層不斷抬升，露出海面，逐漸形成高大山脈。再加上地球造山運動引發的地殼板塊相互擠壓碰撞、移動斷裂，更是持續打造更新此處地貌。

侵蝕雕琢時期

隆起打造的時期，在距今兩百萬年前結束，加拿大洛磯山脈大體態勢已經基本成形：不是由沉積岩或變質岩所構成的三明治夾心式褶皺山（Main Range），就是沉積岩或變質岩岩層的三明治夾心式斷塊山（Front Range）。

然而，變化並未就此打住，接下來的4次主要冰河時期開始，又得面臨冰河施展凌厲強大的威力，及各種外在的風化、侵蝕等地質作用。

侵蝕雕琢的結果，終於將加拿大洛磯山脈造就成今日這般，令人嘆為觀止、美景天成的完美組合。

» 斷塊山與褶皺山

在加拿大洛磯山脈的班夫國家公園東邊，包括瀑布山、藍多山及伊盧貝爾山在內，都是屬於只有3億年左右歷史、較為年輕的斷塊山。

藍多山與瀑布山相同，是典型受造山運動中的斷層作用影響而形成，隆起後傾側的斷塊山。

這座自西南向東北傾斜，形狀很像美式寫字檯的藍多山，是由地基與山巔的石灰岩，包夾著中段斜坡頁岩的三明治夾心方式構成。這類模式，在班夫鎮附近的斷塊山之中相當普遍。

城堡山是相當特殊的山，
擁有特殊的造型、結構與
形成方式，更有一段頗為
特殊的有趣故事。

　　位於班夫鎮西方的伊虛貝爾山，與附近跟它相連的山峰一樣，都是隸屬於鋸背山脈（Sawback Range）的一部分。鋸背山最初是由斷層作用所形成、傾側聳立的斷塊山，再經過侵蝕作用，終於造成今日山巔表面呈現倒V圖案的獨特外貌；地質學又將這類型的山稱做鋸齒山。

　　再往西，一過伊虛貝爾山，山勢卻出現了重大轉變。

　　原來，伊虛貝爾山與西邊的城堡山之間，有一系列的斷層存在，因而阻斷了3億年前在東邊這個區域發生的斷層作用的西向延伸。使得加拿大洛磯山脈城堡山以西及大分水嶺等群山，5億年來，得以一直保持最初抬升作用時期所形成的原本褶皺山的外貌。

　　於是，伊虛貝爾山與城堡山之間的這個系列斷層，就將斷塊與褶皺這兩種不同類型的山，非常明顯地劃分區隔開來。

　　不算太高，只有2766公尺的城堡山，是1858年由地質學家詹姆斯‧黑克特博士根據其外型命名。然而城堡山卻並非一直以「城堡」為名。

當二次世界大戰結束之後，蘇格蘭人民為了向歐洲戰區盟軍統帥艾森豪將軍獻上由衷感念與崇高敬意，決定致贈艾森豪一座城堡為謝禮。當時的加拿大總理麥肯濟‧金得悉此事，片面宣布為了表彰艾森豪功勳，也要送給艾森豪一個比蘇格蘭城堡還要更為巨大的城堡。1945年加拿大政府果真以艾森豪之名為城堡山更名，將城堡送給了艾森豪。

1979年，加拿大聯邦政府決定將「艾森豪山」回復城堡山原名，但是為了顧及艾森豪山這個名稱畢竟使用了長達34年之久，就將城堡山正面右方的第一個直立塔狀山頭，命名為艾森豪峰（Eisenhower Peak）。

城堡山，是由造山運動中的抬升作用，將已有5、6億年歷史的海底沉積岩層抬升隆起、露出海面，逐漸形成的典型褶皺山。

由於褶皺山並非斷層作用造成，與斷塊山形成的原因不同，本身較無可能因岩層變位而產生斷層；但是因為受到一層一層堆砌累積的重大地層擠壓，岩層就有可能形成波浪起伏的「褶曲」（Fold）。

　　褶曲，基本上分為兩個部分：

● 凸起的地方稱為「背斜」（Anticline），因為兩面岩層的傾斜是相背的。
　（左圖）

● 凹下的部分則稱為「向斜」（Syncline），顧名思義，兩面岩層的傾斜是相向的。（右圖）

　　最初，褶曲形成的原始地形，背斜較高，所以為山，向斜較低，因此是谷。照理山和谷，應該很有秩序地排列著，然而如此簡單的原始地形，卻因為受到侵蝕與風化作用的破壞，產生了更為複雜多變的地形。

　　城堡山正是受到「外表地質作用」的影響，背斜較高處不但未成高聳山勢，反倒因為拱形凸起的地層較為脆弱，無法承受外在壓力，易遭切割破壞而崩落瓦解。而一向承受壓擠慣了的較低向斜地層，卻得以保留下來，屹立成高山。再經無情歲月、風霜雨雪的雕琢，才造成了今日這般，有如堆砌累積的城堡模樣。

　　以眼觀山，用心賞山，終得悟出刻劃在各個壯盛山容表面的不同故事。

■ 水之傳奇

» 健康泉源

山城班夫鎮南，有座海拔2285公尺，石灰岩結構的硫磺山。眾所周知，石灰岩的主要成分是碳酸鈣，當雨水降落時，容易和空氣中的二氧化碳結合，使雨水含有一些碳酸物質。石灰岩層較易溶於碳酸性的雨水中，因此，經過長時期的雨淋沖刷，石灰岩常被溶蝕。

硫磺山西南側內部，就具有這種因為溶蝕作用所形成的許多細微狹窄而又堅硬結實的岩縫通道。降落地面的雨、雪，透過這些通道往下滲漏，形成地下水源。地心深處輻射散發的強烈高溫，在地底數公里處，將地下水源燒熱。受到高壓與高溫的雙重影響，被迫沿著山坡斷層裂縫，向上噴湧出地面的熱泉，能將岩層中蘊含的各種固態礦物質，剝離脫落而溶於液態水中。這也正是為何水溫約在攝氏40度的「洞穴熱泉」與「水窪熱泉」，富含硫酸鹽、重碳酸鹽、無水矽酸、氯化物、鈣、鎂、鈉、鉀、鍶、鋰等礦物質的原因。

當地下熱水湧出地表形成熱泉，由於遠離地底，溫度遞減，形成某些礦物質自水中稀釋凝固的現象。最常見的此一類型礦物質，應屬鈣碳酸鹽。

鈣碳酸鹽在湧泉過程中，總會產生一種顏色灰褐的「多孔凝灰岩」（Tufa）沉澱物。整個「洞穴與水窪熱泉區」附近山丘側面腹地，即全由此一多孔凝灰岩的沉澱物所構成。請記得掌握到此一遊的良機，觸摸「多孔凝灰岩」這個加拿大洛磯山中最年輕的岩石。

加拿大洛磯山區，除了硫磺山已經發現有好幾處明顯熱泉區之外，傑士伯國家公園也有密耶特熱泉，庫特尼國家公園內更有以潔淨清澈、無臭無味、水中含放射能而聞名於世的鐳狄恩熱泉。

遊人旅客得以在健康泉源，享受浸浴溫泉的舒暢快感。

» 璀璨湖泊

加拿大洛磯山中大、小湖泊非常多，不外乎「普通湖泊」與「冰河湖泊」兩類。

普通湖泊，多為一般沼澤池塘與開放水域深淺不一的湖泊，湖水顏色深綠。冰河湖泊，湖水顏色翠綠寶藍，又可分為「冰河谷底冰槽湖」與「冰河融水湖」兩種類型。冰河融水湖又有「冰河堆積石湖」與「莫連冰河湖」之分。

» 冰河──結冰的河川？

加拿大洛磯山脈另有一種與水關係密切的巨大藍色冰晶，這個夾層厚實、壓縮緊密的獨特固體，就是冰河。冰河，又叫冰川，從字義看，極易讓人誤解為結冰的河川。

如果真是如此，為何英文不叫Ice River，卻稱做Glacier？可見中文譯名所稱的冰河／冰川，壓根兒就不是一條凍結成冰的河川。既然不是由河水結冰而成，那麼到底什麼是冰河？

簡要言之，冬天降雪量，超過夏天融雪量，經年累月，長久下來聚積而成的厚實冰層，就是冰河。由此可知，冰河是降雪累積而成，並非河水遇冷受凍結冰所致。加拿大洛磯山脈與美國東南阿拉斯加的海岸山脈相同，大量潮濕水氣總在冬季造成特別多的降雪量，加以地處高緯，夏天異常涼爽，積雪終年不化，冰河自然比較容易在這類高聳山地得以保存。這些歷經多年歲月，長久以來堆聚的降雪，由於夾層厚實、緊密壓縮，以致內部空氣全遭排除，早已由普通積雪轉變成冰河冰（Glacier Ice）的永久冰晶。

冰河冰的結晶結構，已不像尋常普通、晶瑩剔透的積雪能被陽光穿透。光線中紅、橙、黃、綠、藍、靛、紫的7種可見光，照射在冰河冰時，6種較長的光波皆可穿透結晶為其吸附，唯獨藍光，因為波長最短，無法穿透，而為其結晶結構反射出來，冰河才會呈現亮麗耀眼的藍色光澤。

地球現今依然存留的冰河，以降雪量多的高緯度山區最多。

在群山背脊之間，厚實的冰河群體甚至能夠水平累積成為冰原。由於山區不似平地，一定有斜坡，當冰原上的積冰超越山頭，厚達數百公尺甚至上千公尺的冰河，於是順勢沿坡往下滑動，有如河川。

然而不像河川溪流，冰河移動往往異常緩慢，肉眼根本無法察覺。但是從冰河移動時所造成的侵蝕，以及切割出包括終點、側邊、中間等各種類型的堆積石，可以證明，冰河確實是在持續不停地運動。

從海岸山脈的冰原，移動至峽灣與海灣出口的冰河，即為規模最為龐大的「出海口冰河」，或稱「潮汐冰河」（Tidewater Glacier）。

內陸山脈與海岸山脈相同，冰河也都是從冰原流出。

加拿大洛磯山脈深居內陸，往下滑動的冰河當然不可能像海岸山脈的冰河一般，到達出海口。所以在加拿大洛磯沒有出海口冰河／潮汐冰河。就算是積冰量再大的冰原／冰河，頂多也只能從山頭一直移動至山腳谷底，是為「山谷流出型冰河」（Outlet Valley Glacier），又稱「山谷冰河」（Valley Glacier）。

若積冰量少，只能在山巔至山腰處盤踞，則是「高山冰河」（Alpine Glacier）。高山冰河拔山鑿壁，能夠在山坡造成圓谷（Cirque，或稱圈谷），當冰河消融退卻，還留下來的這些圓谷，看起來好像懸掛在山頭高壁之上，因此也被稱做「懸掛山谷」（Hanging Valley）。

這些造成懸掛山谷的高山冰河，理所當然的又被稱為「懸掛山谷冰河」（Hanging Valley Glacier），簡稱「懸掛冰河」（Hanging Glacier）。

水在大自然中具備液態、氣態與固態3態，對地形、地貌、生態及人文皆能造成重大深遠的影響。

水的變化多端，十足令人稱奇！

翠綠寶藍的冰河湖泊

　　典型由冰河融解水源灌注而成的湖泊，具有如同藍寶石與翡翠玉般的絢麗色澤，究竟為何會有如此的色澤？

　　原來，冰河融化水源當中，夾帶著大量非常精微細緻的沉積物。這些沉積物是地層的石礫與淤泥，經由冰河不斷的碾壓、磨擦，以致微妙精密到如同排子粉、滑石粉般的細膩程度，這就是所謂的「冰河粉末」（Glacier Flour），或稱為「岩石粉末」（Rock Flour）。

　　混濁泥褐色的冰河粉末隨著融解水源注入溪河，由於受到水流的持續攪動，使得這種冰河灌注河依然保持原本的污濁褐色。而當摻雜著大量冰河粉末的冰河前緣融解水源，源源不斷地注入湖泊時，由於湖泊較為平靜，不像川流不息的溪河總是不停攪動，湖水因而顯得較為潔淨，不似冰河灌注河那般混濁。

　　在此同時，冰河粉末迅即依循湖水水波，輕飄慢移而懸浮水中，不致下沉至湖底。非常精細的冰河粉末粒子安定了下來，其具備優先反射太陽光可見光譜中波長最短的藍綠色光的效應，因此冰河灌注湖就呈現出亮麗鮮艷的藍綠色。

　　由此可知，冰河粉末這種沉積物，正是導致冰河融水河／冰河灌注河與冰河融水湖／冰河灌注湖，各具其特徵顏色的根本成因。

披頭湖，是風景明信片、月曆中常見的名湖，一般譯作貝多湖或是培多湖。它是以洛磯山中一位頗
具傳奇色彩的嚮導比利‧披頭（Billy Peyto）來命名，實際上，Peyto並不念成貝多或培多，它的正
確發音是pee-tou，所以我將Peyto Lake的中文名稱譯成披頭湖。由於披頭湖的形狀很像讓狗兒磨牙
的狗骨頭零嘴，我又喜歡將披頭湖叫做狗骨頭湖。

人類蹤跡・開發建設

■ 第一波移民──印地安人

加拿大與美國相同，最早並無人類居住。從古自今，皆持續不斷有新移民自外地遷入。第一波移民是印地安人、阿留特人與因努特人（愛斯基摩人）。

他們在數萬年前，自亞洲西伯利亞地區，跨越當時介於亞洲與北美洲的白令陸橋，遷徙而至。這些亞洲原始移民抵達阿拉斯加之後，分別居住在不同區域，並且日漸南徙。

大約1萬年前左右，這些後來被哥倫布誤稱為Indians的所謂印地安人，已經抵達了包括加拿大洛磯山區在內的加拿大西部草原地區。到了18、19世紀交會之際，居住在加拿大洛磯山脈及愛爾伯她省西南一帶的印地安原始移民民族包括：

● 黑足民族（Blackfoot）。南愛爾伯她省的黑足民族，又劃分為3個部落民族：1.Siksika（黑足族）；2.Kainaiwa（紅血族）；3.Piikani／Paigan（佩干族）。

● 史東尼民族（Stoney），又名阿西尼波音民族（Assiniboine）。

● 促提納民族（Tsuu T'ina），又稱薩西族（Sarcee）。

● 庫特尼族（Kootenay）。

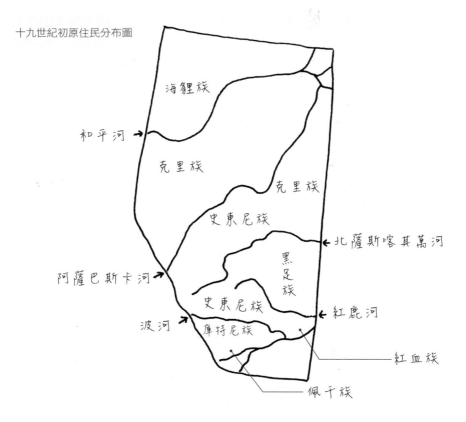

十九世紀初原住民分布圖

海貍族
和平河
克里族
克里族
史東尼族
北薩斯喀其萬河
阿薩巴斯卡河
黑足族
史東尼族
紅鹿河
波河
摩特尼族
紅血族
佩干族

■ 歐洲移民，開拓加拿大

» 北歐維京人

　　歐洲移民，首推來自北歐斯堪的那維亞半島的維京人力夫·艾力克森（Leif Eriksson）。他比哥倫布發現美洲新大陸更要早500年，於西元10世紀，即已率眾航抵今日加拿大紐芬蘭一帶。卻因開發未果，並未久留，隨即撤離，遠颺他去。

» 英國人

　　哥倫布之後，西班牙人控制了南大西洋海域的航權，布署重砲的武裝戰艦嚴密監控巡防，迫使英、法海員不敢擅越雷池一步。為了避開西班牙無敵艦隊

的強大火力威脅，並兼顧本身所在的最佳地理位置，英、法兩國希冀改由北大西洋，找尋出一條能夠順利通往太平洋，並航行至亞洲印度一帶的海上貿易通路，這就是所謂的西北航路（Northwest Passage）。為了找尋西北航路，英、法兩國幾乎同時開發了美、加所在的北美大陸。

英國雖然率先於西元1497年，由義大利人約翰‧凱伯（John Cabot）領頭，航抵加拿大，繼之又有諸如亨佛瑞‧吉伯特（Humphrey Gilbert）為英國宣示擁有紐芬蘭主權，及亨利‧哈德遜（Henry Hudson）發現哈德遜灣等，開疆闢土的行動。然而，卻遠不及法國人的熱衷積極。

» 法國人

1534、35及41年，法國人賈克‧卡提耶（Jacques Cartier）三度到達魁北克聖勞倫斯河流域一帶，在此建立了「新法蘭西」屯墾區。由於聽聞當地伊羅跨（Iroquois）印地安人將他們自己的村落社區稱為「卡拿大」（Kanata），卡提耶於是沿用卡拿大這個名字，為其屯墾區命名。

愈來愈多的法國移民，在1604年追隨山繆爾‧德‧查普蘭（Samuel de Champlain）來到加拿大，這些法裔移民不外乎是農民與獵戶。其中可以固守田園、辛勤耕作的農民，成為在地定居的墾荒者（Pioneer）。而選擇居無定所、四處流動，世稱「樹林行者／林中人」（Coureurs de Bois）的獵戶，則成了外地開拓的探險者（Explorer）。

經由這些移民持續努力的經營拓展，法屬領域從魁北克擴張至紐芬蘭、諾瓦斯科細亞、新伯倫斯威克，甚至西向深入安大略及5大湖一帶。此時的卡拿大（加拿大），似乎成為法國人的天下。

» 英人經濟實體

17世紀中葉以後，英國人加緊步伐，急起直追，逐漸趕上法國人在加拿大的獨霸地位。

「西北公司」與「哈德遜灣公司」兩家英國毛皮貿易公司，於1670年代，取得加拿大北部及中部地方的管轄權，英、法雙方自此更是紛爭不斷。直到1763年法國承認失敗，全面退出，加拿大於是全歸英人所有。

英國得到加拿大後，並未為難法裔居民，1774年甚至通過《魁北克法案》（The Quebec Act），確保在英人統治下的法裔加拿大人，仍能正常享有政治權力與宗教信仰的自由。

■ 加拿大國民，西進加拿大洛磯山脈

1793年，由加拿大東岸出發的亞歷山大・麥肯濟，歷盡艱辛，跨越洛磯山脈，安抵太平洋岸的貝拉庫拉，順利完成由陸路橫貫加拿大的偉大英勇壯舉，為加拿大成功地開啟了一條西進的通路。

白人正是在18、19世紀交替之際，踏著印地安人的腳印，深入加拿大洛磯山脈，一探究竟。

最早來到加拿大洛磯山脈的白人開路先鋒，是跟毛皮貿易密切相關的人士。西北與哈德遜灣兩大毛皮貿易公司，在各主要河川沿線建立了「貿易基地」（Fort）、「交易據點」（Post）與「運補駐所」（House）。

阿薩巴斯卡河、漩渦河、北薩斯喀其萬河……等各主要河川，於是變成了公路。毛皮公司工作人員，利用跨越大分水嶺的隘口，再搭配這些水路交通系統，就成了連接東、西走向的重要貿易運輸路線。

這些為毛皮貿易公司工作的人員包括：1.水路航船人員；2.陸路探險人員；3.毛皮貿易人員；4.狩獵工作人員；5.公司相關雇員；6.甚至包括公司的大老闆喬治・辛浦森，都親自出馬探勘加拿大洛磯山脈。

在這些工作人員之後，接踵而至的則是：1.博物學家、植物學者之類的科學家；2.喜好大自然的藝術家；3.熱衷攀岩的冒險家；4.甚至牧師、神父，也跑來加拿大洛磯山區傳播福音。

到了1850年代末期，加拿大西岸不列顛哥倫比亞英國領地發現金礦，較早期間也曾在美西造成淘金熱潮的美國當局，對這塊土地的興趣大增，因而有意併購。後來雖因爆發美國南北戰爭，美方無暇他顧，但已使英國本身有所警覺。1867年7月1日，加拿大東岸諾瓦斯科細亞、新伯倫斯威克、魁北克及安大略4個新成立的省，脫離英國，聯合自治。不列顛哥倫比亞就在此時喊出「給我們一條鐵路，我們送給你們一個省」的動人口號。

說得倒挺輕鬆，真要興建一條沿途有包括洛磯山脈與哥倫比亞山脈等天然屏障阻絕的橫貫大陸鐵路，肯定異常艱鉅。因此，1860年代，第三波來到山區的加拿大人，就是與興建鐵路有關的人員。包括：1.嚮導；2.地質學家；3.鐵路探勘隊員；4.鐵路測量人員。

到了1870年代，鐵路進入動工階段，包商、鐵路工程師、鐵路工人等，也都開始進入山區。

■ 現代人造訪人間仙境

1885年11月7日，在B.C.省的奎格拉奇敲下最後一根鐵路道釘後，橫貫加拿大的鐵路全線通車。興建此一鐵路的CPR鐵路公司，為了促銷鐵路營運，便在山城班夫與露薏絲湖畔等地，興建旅館、商店、住宅，以及相關旅遊設施等建築。

雖然說，加拿大太平洋鐵路無法將原野風光利用鐵路外銷輸出，但是他們誓言有能力，可以藉由鐵路將各地旅客送達此處，讓世人皆有機會欣賞加拿大洛磯山脈的絕世美景。

1886、1907、1920年，加拿大洛磯山脈的優荷國家公園、傑士伯國家公園及庫特尼國家公園相繼設立，包括先前班夫國家公園在內的4大國家公園，亦逐一完成規畫完善、四通八達的各項遊園道路系統。

從此以後，連尋常旅客都可以在旅遊工作者的帶領陪同之下，深入寶山，暢遊加拿大洛磯山脈這處人間仙境！

附 錄
Appendices

與我同行10大熱門排行榜

■ 10大高山排行榜

1. 羅勃森山：海拔3954公尺，加拿大洛磯山脈最高峰。

2. 阿西尼波音山：海拔3618公尺，有「洛磯麥特洪峰」美譽的羊角山。

3. 伊蒂卡維爾山：海拔3367公尺，懸掛冰河、冰河湖泊、高山草原，氣象萬千。

4. 城堡山：海拔2766公尺，加拿大送給二戰盟軍統帥艾森豪將軍當作城堡禮物的褶皺山。

5. 天普山：海拔3543公尺，露薏絲湖地區最高山。

6. 風暴山：海拔3161公尺，壯闊倒影映在山金車菊湖中的高聳峭壁巨岩山。

7. 鮑爾山：海拔3311公尺，滿布冰河侵蝕切割遺痕的雄偉壯闊大山。

瀑布山

8. 藍多山：海拔2949公尺，形似美式寫字檯的三明治夾心山。

9. 瀑布山：海拔2998公尺，形似倒立摺扇的三明治夾心山。

10. 導航山：海拔2954公尺，保證不迷路的導航地標。

■ 10大湖泊排行榜

1. 麥克阿瑟湖：令人流連忘返，還想再度造訪，亮麗絕倫的美妙湖泊。

2. 奧哈拉湖：聲名遠播，令人驚艷的亮麗湖泊。

3. 披頭湖：狗骨頭湖。

4.莫連冰河湖：西方人眼中的冰河堆積石湖，華人心中的夢蓮美女湖。

5.露薏絲湖：天之驕女，山中明珠。

6.翡翠湖：獨一無二的「翡翠」湖。

7.波湖：大江東去的源頭，Num-ti-jah的所在。

8.海倫湖：高山環繞，野花盛開的美景湖。

9.瑪林湖：令人腳痛的「邪惡壞湖」。

10.高地水鳥湖：峰峰相連，景致壯麗。

高地水鳥湖

■ 10大冰河排行榜

1.阿薩巴斯卡冰河：源自哥倫比亞冰原，夏天可搭乘巨輪雪車至此，親自足履冰河。屬於山谷冰河，全長6公里，寬1公里。

2.薩斯喀其萬冰河：源自哥倫比亞冰原，屬於山谷冰河，全長10公里，寬1～2公里。

3.維多利亞冰河：從維多利亞山流出的高山冰河，是露薏絲湖的發源地。

4.波冰河：源自我怕她冰原，是波湖及波河的共同發源地。

5.圓頂冰河（Dome Glacier）：源自哥倫比亞冰原，屬於高山冰河。

6.天使冰河：伊蒂卡維爾山東壁山頭的高山冰河。

7.烏鴉腳冰河：源自我怕她冰原，如氣候持續趨暖，烏鴉腳冰河恐有斷腳之虞。

8.史丹利冰河：源自史丹利峰的高山冰河。

9.岱利冰河：源自我不踢冰原，是加拿大第一高瀑塔卡高瀑布水源地。

10.優荷冰河：源自我怕她冰原，是優荷河發源地。

■ 10大河川排行榜

1.阿薩巴斯卡河：先禮讓從後門悄然而行，
隨即重新取得既有地位的
大河。（適合泛舟）

阿薩巴斯卡河

2.北薩斯喀其萬河：先留細小辮子，後成寬闊散髮的大河。

3.波河：　起初南行，隨即東流而去的大河，大江畢竟東去。（適合泛舟）

4.踢馬河：　因前人曾在河岸瀑布附近，被馬匹踢傷而得名的晶瑩清澈河
川。（適合泛舟）

5.庫特尼河：庫特尼國家公園公路沿線主要河川之一。（適合泛舟）

6.瑪林河：　令傳教士也瘋狂的頭痛邪惡壞河。

7.佛迷里恩河：庫特尼國家公園公路沿線主要河川之一。

8.三瓦塔河：起初源自阿薩巴斯卡冰河，最終又注入阿薩巴斯卡河的河川。
（適合泛舟）

9.優荷河：　源自優荷冰河的混濁河川。

10.密斯塔雅河：源自披頭湖，流入北薩斯喀其萬河的中繼河。

■ 10大瀑布排行榜

1.塔卡高瀑布：令印地安原住民驚呼偉大的加拿大最高瀑布。

2.阿薩巴斯卡瀑布：阿薩巴斯卡河形成的瀑布。

3.三瓦塔瀑布：三瓦塔河形成的瀑布。

4.波冰河瀑布：波冰河融解水源形成的瀑布。

5.姜斯頓峽谷瀑布：姜斯頓溪形成的上、下瀑布。

6.我怕她瀑布：踢馬河形成的瀑布。

7.優荷河谷系列瀑布：優荷河形成的系列瀑布。

8.瑪林峽谷瀑布：瑪林河形成的峽谷瀑布。

9.波河瀑布：波河形成的瀑布。

10.史丹利冰河瀑布： 史丹利冰河融解水源形成的瀑布。

■ 10大侵蝕景觀排行榜

1.城堡山：加拿大洛磯山脈的形成歷時6億年，歷經3階段。城堡山，是
加拿大洛磯山區現存遠古遺痕的最佳典範之一。

2.阿薩巴斯卡冰河：侵蝕切割的結果，產生寬闊的U型谷地、懸掛山谷、羊
角峰、3種堆積石，及各類冰槽凹穴湖泊。阿薩巴斯卡
冰河及其山頭周遭的分支冰河，正是冰河的代表。

3.姜斯頓峽谷：水的侵蝕，造成深邃險峻的峽谷、大小不一的瀑布，與平
滑均勻的圓盆凹洞。姜斯頓峽谷與瑪林峽谷、密斯塔雅峽
谷，及大理石峽谷，並列加拿大洛磯山脈4大峽谷。

4.波河瀑布：最能顯現瀑布水流，強大侵蝕威力的瀑布。

5.胡堵土柱：胡堵？Who堵？誰也沒有惡意圍堵這些高聳直立的石堆土
柱，純粹是大自然的傑作。

6.伊虛貝爾山：鋸齒山。（鋸齒山相關文字
參見315頁）

7.瑪林河河谷／阿薩巴斯卡河河谷：
谷中有谷。

伊虛貝爾山

8.丘谷滑坡：平坦谷地被冰與水改變成系列
圓丘坡地。

9.天然橋：昨日的瀑布，就是今日的橋樑，將會成為明日的裂谷。

10.山壁之洞： 是誰？膽敢在高山頭上動土！

■ 10大自然生態排行榜

1.帕克山脊：生態環境對比鮮明，既有幸得見細小美妙高山花卉的鮮活特寫，又能觀賞遼闊冷酷冰原、冰河的寂靜全貌。

2.陽光草地：野花滿山遍野，自然生態豐富多樣。

3.大分水嶺路：野生動物保護路段。

4.水獺尾河谷路徑（Ottertail Valley Trail）：野生生物活動走廊。

5.佛迷里恩隘口山林大火舊災區（Vermilion Pass Burn）：
美妙焦林，獨具特色。

6.泛濫濕地：自然遞嬗的濕地生態環境。

7.佛迷里恩系列3湖： 人為影響造就的豐富充足動植物生態環境。

8.洞穴與水窪沼澤區：高山熱泉，寒帶綠洲。

9.特許燃放區段：引火助焚，重振白楊。

10.河谷系列5湖：有利於動、植物生存，乾、濕皆宜的地帶。

■ 10大單車路徑排行榜

1.冰原公園公路：路線最長（230公里）、景點最多的景觀公路及單車路徑。

2.波河河谷公園公路：全長51公里，景點眾多的景觀公路及單車路徑。

河谷系列5湖之第4湖

3.露薏絲湖地區路徑：包括露薏絲湖村、波河沿岸、拉岡舊火車站、露薏絲湖公路、莫連冰河湖公路，及白角山道路等眾多路線的單車路徑。

4.明尼汪卡湖環形公路：全長24公里，班夫與明尼汪卡湖之間的環形來回公路及單車路徑。

5.踢馬河谷及水獺首河谷路徑（Kicking Horse Trail & Otterhead Trail）：踢馬河谷單車路徑全長21.3公里，水獺首河谷單車路徑全長9.8公里。

6.水獺尾河谷路徑：全長15.1公里的單車路徑。

7.黑克特峽谷路徑（Hector Gorge Trail）：單向全長9公里的單車路徑。

8.傑士伯市區及近郊路徑：從傑士伯市區通往美綠湖、伊蒂湖、安涅特湖、派翠西亞湖與金字塔湖等勝地的單車路徑。

舊堡點小徑坡道單車騎士

禮讓
有序

安全至上，禮讓為先

　　加洛4大國家公園，除了原有精心規畫的單車路徑之外，包括班夫鎮、傑士伯鎮、露薏絲湖村，及各個景觀道路等汽、機車通行公路，皆同時可作為單車通行路徑。騎單車時敬請注意安全、規則、禮讓、天候、路況與路邊告示標誌等相關事項。

河谷系列5湖健行路徑起點

9.河谷系列5湖路徑：

全長4.3公里，同時可供健行與單車使用的阿薩巴斯卡河谷底環形路徑。

10.日舞峽谷路徑： 單向全長1.9公里的單車路徑。

■ 10大短途健行路徑排行榜

1.伊蒂卡維爾山健行路徑：3條分別前往冰河湖泊、懸掛冰河與高山草原，各異其趣的健行路徑。

2.陽光草地健行路徑：走向各個不同風貌的高山地帶，彷彿置身世界之頂。

3.瑪林峽谷健行路徑：單向全長3.7公里，穿梭瑪林峽谷的健行路徑。

4.帕克山脊健行路徑：單向全長2.4公里，觀賞沿途自然生態、頂峰冰河與周遭群山的健行路徑。

5.河谷系列5湖健行路徑： 全長4.3公里，阿薩巴斯卡河谷底系列5湖，環湖健行路徑。

6.翡翠湖健行路徑：全長5.2公里，翡翠湖環湖健行路徑。

7.姜斯頓峽谷健行路徑：單向2.6公里，上、下瀑布 及峽谷健行路徑。

8.隧道山登頂健行路徑：單向2.4公里，隧道山登頂健行路徑。

9.史都華峽谷健行路徑： 單向1.5公里，前往史都華峽谷木橋的健行路徑。

10.柯布湖健行小徑： 單向全長2.8公里，前往柯布湖的健行小徑。

■ 10大長途健行路徑排行榜

1.奧哈拉湖及麥克阿瑟湖健行路徑：全長34公里，前往奧哈拉湖及麥克阿瑟湖的健行路徑。

2.海倫湖及凱瑟琳湖健行路徑： 單向全長8公里，前往海倫湖及凱瑟琳湖的健行路徑。

3.波冰河及波冰河瀑布健行路徑： 單向全長4.6公里，前往波冰河瀑布的健行路徑。

4.紅地溪健行小徑：單向全長14.4公里，前往影子湖及吉本隘口的健行路徑。

5.石圍湖健行路徑：單向全長8.4公里，前往高塔湖與石圍湖的健行路徑。

6.愛格尼絲湖、鏡湖、大蜂窩山、小蜂窩山健行小徑：
全長來回11.7公里，前往愛格尼絲湖、鏡湖、大蜂窩山及小蜂窩山的健行路徑。

7.美景山山頂健行小徑： 單向全長5.3公里，前往美景山山頂的健行小徑。

8.落葉松山谷及哨兵隘口健行小徑：單向全長5.8公里，前往落葉松山谷及哨兵隘口的健行小徑。

9.孿生湖健行路徑：單向全長8.5公里，經由瞭望湖、山金車菊湖，抵達孿生湖的健行路徑。

10.布久湖健行路徑： 單向全長9.4公里，前往布久湖、哈維湖及哈維隘口的健行路徑。

■ 10大最佳婚紗拍攝景點排行榜

在藍多山腳下的佛迷里恩系列3湖畔拍結婚照

1.蜜月湖：以無盡綿延山系為拍攝背景。

2.露慧絲湖：以群峰、冰河及古堡為拍攝背景。

3.莫連冰河湖：以十峰山谷為拍攝背景。

4.美綠湖：以金字塔山為拍攝背景。

5.翡翠湖：以總統山脈為拍攝背景。

6.波湖：以波冰河、波冰河瀑布及松貂旅館為拍攝背景。

7.伊蒂卡維爾山／天使冰河：以天使冰河、卡維爾湖為拍攝背景。

8.佛迷里恩系列3湖湖畔小堤岸：以藍多山為拍攝背景。

9.明尼汪卡湖：以群峰、峽谷為拍攝背景。

10.諾奎山公路南坡草原：以藍多山為拍攝背景。

■ 10大神祕景點排行榜

1.導航小湖：如夢似幻，醉人心儀。

2.蜜月湖：無盡綿延，緊密相連。

3.金德斯利──辛克萊隘口（Kindersley-Sinclair Col）：
　羊角雪峰，春花秋放。

4.密斯塔雅湖：林深不知處。

5.紫水晶湖：孿生雙珠。

6.過濾湖：雙谷底冰河湖。

7.馬蹄湖：峰迴路轉，豁然開朗。

8.北薩斯喀其萬河白壁峽谷：
　只聞水聲，未見峽谷。

9.藥湖：消失的湖泊。

10.貝克溪谷：妳泥中有我，我泥中有妳
　　（谷中有谷）。

馬蹄湖

印地安語彙

Minnewanka　明尼汪卡／史東尼語：精靈之水（54頁）

Wenkchemna　溫克納／史東尼語：數字十（77頁）

NUM-TI-JAH　南提紮／史東尼語：松貂（89頁）

Mistaya　密斯塔雅／史東尼語：灰熊（92頁）

Sunwapta　三瓦塔／史東尼語：洶湧河（102頁）

Saskatchewan　薩斯喀其萬／克里語：快流河或轉彎河（91頁）

Yoho　優荷／克里語：敬畏讚嘆（146頁）

Wapta　我怕她／史東尼語：流水或河川（91、148頁）

Takakkaw　塔卡高／克里語：太棒了、了不起、真偉大（155頁）

Kootenay　庫特尼／庫特尼語：民族稱號（323頁）

Assiniboine　阿西尼波音／史東尼語：民族稱號（167頁）

Minnestimma　明尼斯提瑪／史東尼語：沉睡之水（211頁）

Wabasso　瓦巴叟／史東尼語：兔子（253頁）

Poboktan　波伯克坦／史東尼語：貓頭鷹（104頁）

Wapiti　瓦皮提／史東尼語：原意為白臀，引申為北美大角鹿（305頁）

Waputik　我不踢／史東尼語：白山羊（155頁）

凱瑞著作

與我同行暢遊北美系列叢書

● 旅遊入門

《與我同行：一個北美旅遊工作者的故事》

（ Come Follow Me──On the Path of a North American Tour Guide ）

（2002年12月出版）

《與我同行：RV 路贏──道路旅途的最大贏家》

（ Come Follow Me──RV Wheeling：Road Victory）

（2012年9月出版）

● 旅遊指南

《與我同行：條條道路通洛磯──加拿大洛磯山脈國家公園旅遊指南》

（ Come Follow Me ── All Roads Lead to Rockies ）

（2004年5月出版）

《漫走洛磯山脈10大私房路線》

（ Come Follow Me──All Roads Lead to Rockies：Touring and Hiking in Canadian Rockies）

（2014年6月出版）

《與我同行：RV路贏——阿拉斯加通行證/北極光中的過客》
（Come Follow Me——RV Wheeling： Alaskan Passage／Over the Eons, Under the Northern Lights）
（已經完稿‧即將出版）

與我同行便利旅遊手冊系列叢書

● 墨西哥之旅

《與我同行：喜安樂肯空逍遙遊》
（Come Follow Me——Cancun ： Pot of Gold on the Mayan Riviera ）
（已經完稿‧即將出版）

《與我同行：拉丁北美南國風 3合文化墨西哥》
（Come Follow Me——Mystic Mexico ： Beauty Beyond Belief）
（已經完稿‧即將出版）

● 首創之旅

《與我同行：聽多了就會說——北美英語遊學與國內英語自學》
（Come Follow Me——Talk the Talk, Hear It and Say It： Practice English Everywhere ）
（已經完稿‧即將出版）

● 休閒之旅

《與我同行：歡樂郵輪情海遨遊》
（Come Follow Me——Cruise Ship, Fun Ship, Love Ship ）
（已經完稿‧即將出版）

與我同行旅遊小說系列

● 文藝愛情之作

《梁容的北美天空》

● 科幻冒險之作

《穿梭七重天》

Refined Traveler
Cultivated Explorer

驢友先行者的眞情告白：
眞心爲您　旅行理念

曾 經，在虛構傳奇中，
有個 追隨信眾 前往西方取經的 悟空 孫行者

如今，在現實生活裡，有位 陪同群眾
前往西方旅遊的 務實 先行者

凱瑞
這位 沉穩務實的 驢友（旅遊）探索先鋒 不張揚 不浮誇 不自滿
將近三十年 深入北美大地
持續的 走向山川原野 接觸天地萬物 探訪今古文明……
終能進一步得享 揭開大自然神祕面紗的真正樂趣
成了名符其實的 驢友（旅遊）先行者

這位腳踏實地、默默耕耘的 驢友先行者 凱瑞
要為 所有熱愛 深度遊 休閒遊
度假遊 的「歡樂旅行者」
提供一系列

最專業 最貼心 最難忘
最便利 的導覽服務。

跟著 驢友先行者 凱瑞
放慢腳步……
輕鬆悠閒 怡然自得 歡樂快活 的去旅行
肯定
滿心歡喜 樂在其中！

People 13

漫走洛磯山脈10大私房路線（暢銷新修版）
專業旅遊工作者近30年經驗分享，超過3000次帶團全紀錄

作　　　　者／凱瑞
發　行　人／詹慶和
總　編　輯／蔡麗玲
執　行　編　輯／黃建勳・陳姿伶
編　　　　輯／蔡毓玲・劉蕙寧・黃璟安
　　　　　　　李宛真・陳昕儀
排　版　設　計／李盈儀
執　行　美　術／陳麗娜
美　術　編　輯／周盈汝・韓欣恬
地　圖　繪　製／高介堂
攝　　　　影／凱瑞
繪　　　　圖／Karen Hou
部分照片提供／Honda Shinobu（特此感謝）
出　　版　　者／雅書堂文化事業有限公司
戶　　　　名／雅書堂文化事業有限公司
郵政劃撥帳號／18225950
地　　　　址／220 新北市板橋區板新路 206 號 3 樓
網　　　　址／www.elegantbooks.com.tw
電　子　信　箱／elegant.books@msa.hinet.net
電　　　　話／(02)8952-4078
傳　　　　真／(02)8952-4084

2018 年 12 月二版一刷　定價 480 元

經銷／易可數位行銷股份有限公司
地址／新北市新店區寶橋路 235 巷 6 弄 3 號 5 樓
電話／(02)8911-0825
傳真／(02)8911-0801

國家圖書館出版品預行編目(CIP)資料

漫走洛磯山脈10大私房路線（暢銷新修版）：專業旅遊
工作者近30年經驗，超過3000次帶團全紀錄 / 凱瑞著.
-- 二版. -- 新北市：雅書堂文化, 2018.12
　　面；　公分. --（People；13）
ISBN 978-986-302-464-4（平裝）

1.旅遊 2.北美洲

751.8319　　　　　　　　　　　　　　　107019842

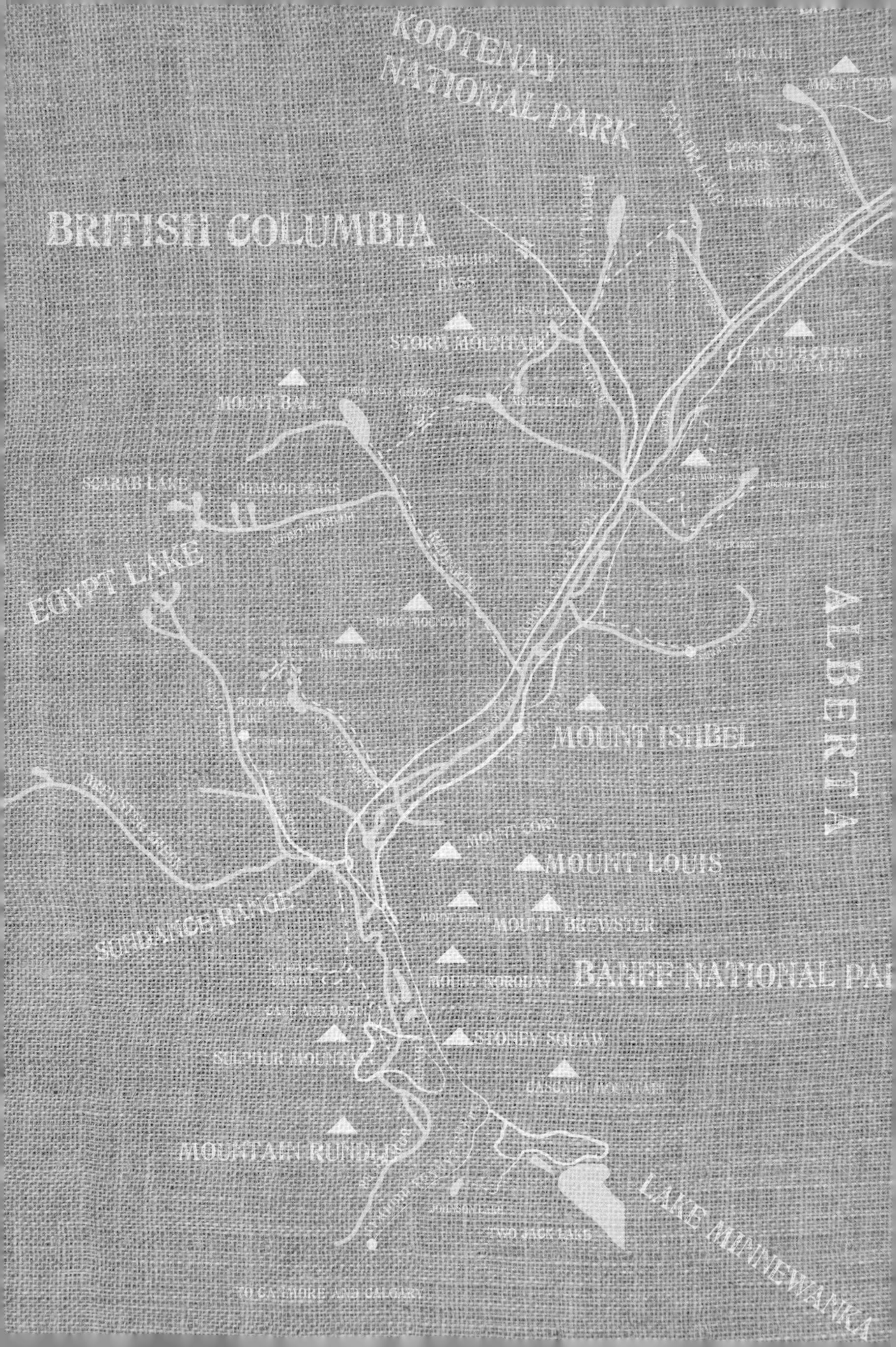
KOOTENAY NATIONAL PARK
MORAINE LAKE
CONSOLATION LAKES
BRITISH COLUMBIA
VERMILION PASS
STORM MOUNTAIN
MOUNT BALL
SCARAB LAKE
PHARAOH PEAKS
EGYPT LAKE
ALBERTA
MOUNT ISHBEL
MOUNT LOUIS
SUNDANCE RANGE
MOUNT BREWSTER
BANFF NATIONAL PA
MOUNT NORQUAY
CAVE AND BASIN
STONEY SQUAW
SULPHUR MOUNTAIN
CASCADE MOUNTAIN
MOUNTAIN RUNDLE
LAKE MINNEWANKA
JOHNSON LAKE
TWO JACK LAKE
TO CANMORE AND CALGARY

KOOTENAY
NATIONAL PARK

BRITISH COLUMBIA

MORAINE
LAKE

MOUNT TEMPLE

CONSOLATION
LAKES

PANORAMA RIDGE

VERMILION
PASS

STORM MOUNTAIN

PROTECTION
MOUNTAIN

MOUNT BALL

SCARAB LAKE

PHARAOH PEAKS

EGYPT LAKE

DELTA FORM

MOUNT BRETT

PILOT
MOUNTAIN

MOUNT ISHBEL

ALBERTA

BREWSTER CREEK

SUNDANCE RANGE

MOUNT CORY

MOUNT LOUIS

MOUNT BREWSTER

MOUNT NORQUAY

STONEY SQUAW

BANFF NATIONAL PARK

CAVE AND BASIN

SULPHUR MOUNTAIN

CASCADE MOUNTAIN

MOUNTAIN RUNDLE

JOHNSON LAKE

TWO JACK LAKE

LAKE MINNEWANKA

TO CANMORE AND CALGARY